おきなわアウトド
おすすめス

あしばな〜!

気楽にキャンプ＆フィッシング、穴場のビーチで潮干狩り、自然いっぱい散策コースで森林浴、気持ちいい滝・川・湧き水でのんびり〜。
みなさん、ぜひ行ってみてくださいね。

當銘由治 著

「あしばなー！」アウトドア父ちゃんからのご挨拶

最近の子どもたちは、私たちの子どものころと違い、自然の中で遊ぶことが難しくなってきました。室内でＴＶゲーム、家族で出かける時も片手にゲーム機の子どもたち。確かにゲームは楽しいけれど、自然の中での遊びは、子どもたちのさまざまな可能性を引き出してくれます。野山を駆け回って、遊具などがなくても自然の中から遊びを見つけ出すことで、運動能力やバランス感覚、想像力や感性が育っていく気がします。また自然の中で出会う生き物たちとの触れ合いは、親なら誰もが思う「やさしい子に育って！」という願いを叶えてくれるようです。

私の子どもたちは、よちよち歩きの頃からキャンプや自然散策に出かけることが多かったので、生き物にやさしくする心や自然の大切さを理解して、本当にやさしい子どもに育ってくれていると、親ばかながら思うんですよね。

沖縄の子どもたちには、沖縄の豊かな自然に触れ、何か感じてもらいたい……。そんな思いをこめて、私は、配達の仕事で組合員に配るチラシの裏に手書きの情報コーナー「あしばな～！」（遊ぼうよ）を始めました。小さな子どもが安心して、アウトドア初心者のお父さん・お母さんでも手軽にでかけることのできる場所を、簡単な文章と地図をつけて、約２年間（週一）紹介してきました。すると嬉しいことに「あしばな～！」を参考にしてアウトドアを楽しんでいるよ、という声を度々聞くようになりました。

今回その中から、私のお気に入りの場所をまとめて一冊の本にしました。ぜひ多くの方に活用して、子どもたちと一緒に自然の中で思いっきり、そしてのんびりと「あしばな～！」(遊ぼうよ！)

當銘由治

おきなわアウトドア父ちゃんの
おすすめスポット紹介

あしばな〜!

○ムルク浜（うるま市浜比嘉島）家族でのんびりビーチ

○真喜屋の滝
隠れたスポット。体力勝負の幻の滝を探そう。小学校高学年なら大人と一緒にチャレンジコースだ。

○安田海岸（国頭村）初日の出もＯＫのキャンプ＆フィッシング

○具志頭海岸

○小谷の自然探索の森（佐敷町）

この本をご利用する際のご注意

この本は、私が配達の時に配っていた担当ニュースの情報コーナー「あしばな～」を元にまとめたものです。（平成15年から17年5月まで）場所の情報についてはその時々で状況確認をしましたが、所によっては変わっていることもあるかと思いますので、ご注意ください。

紹介する場所への行き方は、基本的には私の住んでいる南部から出かけるようになっています。ですから、中北部へは「北上」、南部は「南下」になります。

お出かけにあたっては、むやみに草花・木をはじめ生物を持ち帰らない事、そしてゴミ等は必ず持ち帰り、来たとき以上にキレイにして帰るよう心がけてください。

海に出掛ける際は必ず食酢を持参して下さい。また、各レジャー施設等で無料配布している「海のキケン生物」のパンフレット等に十分目を通しましょう。山に出掛ける場合も必ず帽子をかぶり、むやみに藪など、遊歩道以外の場所には入らないようにして下さい。簡易救急箱も持参したほうが良いですよ!!

子ども達が、身近な自然に触れ、その中から感じるものがあればと思い、いろんな場所を紹介しました。そしてこの美しい沖縄を次の世代へ伝えることができるかは、私たち大人、そして子ども達の行動にかかっています。今いる子ども達のために、そしてこれから生まれる子どもたちのために、このきれいな沖縄の自然を大切にしていきましょう。

ゆったりキャンプとファミリーフィッシング

沖縄で最初の日の出を見ながら釣りキャンプ

安田海岸

●国頭村安田（あだ）

国頭村東海岸を北上

国道58号線を国頭村向けに北上し、国頭村与那から右折して県道2号線を東海岸側へ。県道70号線を北上し、安田への標識に従い右折して、安田集落へ向かいます。

安田海岸は沖縄島の最も東にあり、大晦日から元旦にかけては、夜中から初日の出を見ようと結構たくさんの人が繰り出します。夏場は、キャンプや海水浴・釣りを楽しむ家族連れで賑わいます。本島内の海岸でも特に綺麗な海が広がり、ジュゴンの生息地になっているようで、見かけたことのある釣り人も……!?

海岸の隣にある、安田漁港は魚影も濃く、大物の魚や外遊魚が釣れる数少ないポイントとして、週末になると釣り人がいっぱいです。

安田川の河口付近も、20～30㎝サイズの魚が結構釣れますよ！　漁港は割と大物釣り向きで水深があるので、ファミリーフィッシングなら海岸の方かこちらの河口をオススメします。

満潮から干潮にかけては、流れが速くなります。また防波堤は２ｍ以上あり、海岸からは完全にみえませんので、子ども達だけでの遊びは要注意です。

釣りを兼ねたキャンプにおすすめ

安波川河口の海岸

●国頭村安波（あは）

国頭村東海岸沿いへ

県道70号線から安波集落をぬけて、安波川の左側の道を海沿いに下ると、河口の安波の海岸に着きます。綺麗な海が広がる砂浜の海岸沿いは、釣りを兼ねてのキャンプにお勧めのスポットです。

河口が100mほどある川ですが、とにかく透明度がすごくいい。干潮から満潮にかけて、この河口では30㎝前後のガーラ（あじ科）がルアーで、カニやゴカイなどを餌に、打ち込み釣りで、チヌ・キスを含めた五目釣りが楽しめます。河口の防波堤の先や海岸沿いでは大型の魚も釣れる様です。

この川の河口から中流・上流付近は、南部地域ではなかなか見ることのできない、珍しい沖縄の在来魚が多く見られます。干潮時に川の中を探すと見つけやすいので、ここでの子どもたちとの楽しみのひとつにして下さい。

トイレやシャワーなどの設備は全くありません。海岸沿いに結構大きな空き地があるので、そこに駐車します。

ここの近くにある「タナガーグムイ」も必見ですが、タナガーグムイの周りは滑りやすく、川の淵は10m以上の水深があるので要注意、ライフジャケットの着用をオススメします。

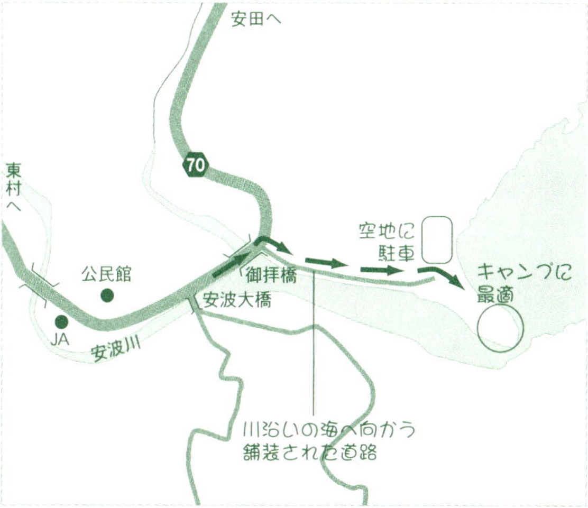

地元ご用達の隠れたビーチ

桃原海岸　（とうばる）

●国頭村辺土名（へんとな）　辺土名集落の裏の海岸

　国道58号線を港側から辺土名集落へ入り、漁港を横目に見ながら200mほど進み、右側の草むらの切れ目から桃原海岸に入ります。

　入り口に部落管理のトイレ・シャワー（無料）があり、その周辺に車を停めるスペースがあります。

　最近、護岸の整備をした様で、自然の砂浜が減ったのが残念ですが、ちょっと離れたところに砂浜や、その中の所々に木陰を作ってくれる木々が残っています。

　知る人ぞ知る隠れたビーチなので、のんびりと過ごすことが出来ます。

　ここでのお楽しみは釣り。たまに大物が回遊してくるので、竿はちゃんと固定しておきましょう。

　海が荒れている時は、国頭森林公園や比地大滝のキャンプ場をオススメします。両方とも雄大な自然の中での、楽しみが一杯です。

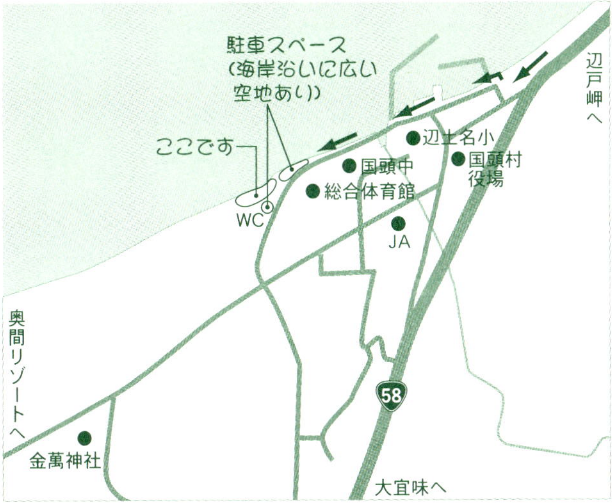

半地海岸

（はんじ）

●国頭村半地（はんじ）

国道58号を国頭むけ北上

国頭村の奥間ビーチに隣接したこの海岸は、比地川の河口にあり、真っ白な砂浜が、川を挟んで、両側にそれぞれ200～300mほど続きます。夏場になると無料のビーチということもあるんですが、ほどよい間隔に植林されたモクマオウの木が木陰を作り、テントの設営を手助けしてくれる最高のビーチで、週末になるとキャンプや海水浴・釣りなどで賑わいます。

ここでのお楽しみは釣り！　砂浜から海に向けてもよいですが、なんと言っても満潮前後にビーチの横を流れる比地川での釣り!!　ファミリーフィッシングに最適で、子どもでも簡単に楽しめます。

海岸の横に村営の球場があり、トイレ（無料）が使えます。（綺麗に使いましょう！）

58号線沿いに24ｈのコンビニや、ちょっと北向きに進むと、辺土名区の商店街や漁港が近くにあり、新鮮な海産物も現地で手に入るので、気軽に出かけられます。ここを拠点に「比地大滝」や「国頭村森林公園」の散策がオススメ!! ……ちなみに、10月下旬ごろ近くの「国頭村森林公園」では食べられるドングリが拾えます。

超〜初心者と子ども向け最高のポイントと星空観測

大保大橋のフィッシング　（たいほおおはし）

●大宜味村大保（たいほ）　塩屋湾沿いを東海岸へ向かって

初秋を感じさせる心地よい風が吹きはじめる頃、短い沖縄の秋を楽しめる所を紹介します。

塩屋から湾沿いに東海岸側へ向け5分程車を走らせると、消防署前の橋に着きます。ここが目的の大保大橋です。橋の片側に2m程の歩道があり、その脇に駐車します。潮の干満を確認して現地へ向かいます。ベストは満潮の2時間前、深夜の現地到着です。昼間でも釣りは、大丈夫なので、潮の干満に合わせて現地に向かって下さい。

ここは、ファミリーフィッシング最高のポイントです。

年間を通して釣りが楽しめますが、秋口が最高のシーズンで、キス・チヌ・ガーラなどの他にも食べられる魚が釣れます。たまにフグが釣れますが、それは海へ帰してあげて下さい。餌はゴカイ（養殖ミミズ）やオキアミ（パックのエビ）などを準備し、子ども達にはなるべく小さな竿（セットで千円弱でもＯＫ）を持たせ、自分で魚を釣る楽しみ、釣った魚を自分で食べる楽しみを味あわせてあげて下さい。

もう一つの楽しみは、星空観察です。まずは、頭上のペガサス座から探してみましょう。山羊座や白鳥座も見えますが、綺麗な星空を眺めながら、流れ星を探すのも楽しいですよ！朝晩は冷え込むので、上からは羽織るものを準備した方がいいと思います。

奥武橋のキャンプ　（おうばし）

●名護市真喜屋（まきや）

国道58号から屋我地島入り口へ

国道58号線を名護市街地から北上して、羽地大橋を渡り200m程進み、信号のある小さな交差点（「屋我地入口」の路標が目印）を左折して約50mほど行くと小さな橋があり、その手前を右に回りこむように入ると目的の海岸（砂浜）です。車は、砂浜の手前にある空き地に停めることができます。車での砂浜への乗り入れは止めましょう。たま～に抜け出せなくなっている方を見かけますヨ。トイレはコンビニで借りるか、手前のグラウンドにあります。

キスやチヌ釣りのポイントでもあるこの海岸は、週末になると季節を問わず、釣り人や家族連れで、キャンプやピクニックがてらの釣りを楽しむ姿が絶えません。橋の両側の砂浜での〜んびりと釣りが楽しめますが、干潮時から満潮に向けての方が釣りの成果は良い様です。

しかし大潮や風の強い時は砂浜でのテント設営は避け、木陰を探した方が無難でしょう。また、潮の干満時は流れが早いので要注意です。ここでの、とっておきのお楽しみが「島ダコ獲り」。干潮時に海岸線の砂浜にできる潮溜まり、その中の岩をそ〜とひっくり返すと20㎝から30㎝ぐらいの島ダコが……。それ程大きさのない岩なので、小さな子どもでも丈夫ですよ。

初心者向けだけど、ちょっと本格的なキャンプスポット

屋我浜 (やがはま)

●名護市屋我地島(やがじ)

国道58号から屋我地島へ

瀬戸内海を思わせるような島々が点在する羽地内海。その静かな海に面している屋我地島の屋我浜は、ファミリーキャンプにお勧めのポイントです。

道向かいに屋我地ビーチ（有料）もありますが、シーズン中でも人が少なく、のんびりとしたキャンプが楽しめる、屋我浜がお勧めです。

橋のたもとの左側にある駐車場から砂浜側に荷物を下ろし、木の間にテントを張りますが、潮の干満には気を付けて設営しましょう。トイレ・水道はありません。

屋我地ビーチのキャンプ場もなかなかでしたよ。トイレ・シャワー完備です。入場料　大人500円　子ども300円　駐車料600円。

お勧めは、夜の波打ち際！　枝サンゴの破片などが波に揺らされ「シャリシャリ・シャリシャリ」となんとも言えない音色をかもしだしてくれます。

ただしここのキャンプ場は人が多いので、明け方、他の人が酔いつぶれたころが聞きごろかも？　周りが寝るのを待つか、早起き（夜中起き）をするか…(=_=)　ただし満潮に合わせないと!!

夜空を眺めて家族での〜んびり＆大物狙いの釣りキャンプ

ウッパマビーチ

●今帰仁村運天（うんてん）　運天港方面から案内板とおりに

最近沖縄本島と橋でつながった古宇利島を見渡せる海岸です。

今帰仁村の運天港へ向かうように車を走らせると「ホテル・ベルモア東洋ベルパライソ」の案内板が道のあちらこちらにあるので、そのホテルを目差して進みます。

目的のビーチは、そのホテルの裏側に、約1㎞に渡り広がっています。ちょっとしたリゾートな感覚のビーチや自然の砂浜など、好みで場所を選んで楽しめます。

夏場はビーチサイドにパーラーも営業しているので、手ぶらでも大丈夫ですが、途中のコンビニやスーパーで買い物は事前に済ませた方が安心かもしれませんね。

　この海岸と、近くにある漁港は釣りの好ポイントで、キャンプがてらの釣りがオススメ！　大物が釣れることもあるので置き竿は注意です。遠浅の海なので潮干狩りも楽しめます。星空もとてもキレイですよ！

…浜下りおすすめ　大宜味村饒波海岸

　国頭村の辺土名高校前の海岸です。高校前のバス停の脇から防波堤を越えて海岸へ降りる事ができます。この海岸はアサリやハマグリが多く、干潮時には地元の方や、バスを持つ子どもが降りてきます。以前、私たち家族が行った時は、バスを持つ高校生が手伝って、捕り方を教えてくれたよ！

アウトドア気分満喫・手軽に楽しむ洞窟キャンプ

瀬底ビーチの岩穴キャンプ

●本部町瀬底島（せそこじま）　国道449号から瀬底大橋へ

瀬底島の中のゴルフ場を抜けたところにある瀬底ビーチです。有料（駐車料金のみ）のビーチですが、海が最高に綺麗です。

ビーチに向かって、左側は木陰があり、テントの設営も楽にできます。しかし、ここで体験して欲しいのは、ビーチの右側にあるいくつもの岩穴。テントなどが無くても、ブルーシート１枚あればキャンプが楽しめます。

岩穴は、海の浸食でできたものだと思いますが、奥行きが3～4㎡程で、一家族が丁度過ごせる大きさになっています。一番のオススメは、ビーチに入ってすぐ左にある岩穴で、大人の腰から背丈程の所にちいさな棚や窪みがあり、そこに灯りやちょっとした荷物を置くことができ、岩穴の造り（向き）が、海風・陸風共に吹き込みにくくなっているので、グラスに入ったロウソク（キャンドル）などで灯りをとれば、更にアウトドア気分満点です。（潮の干満に注意して岩穴を選んで下さい。）

ここ瀬底島はスイカ作りが盛んな所で、おいしいスイカが安く手に入ります。キャンプやピクニックがてらに是非出掛けてみてください。

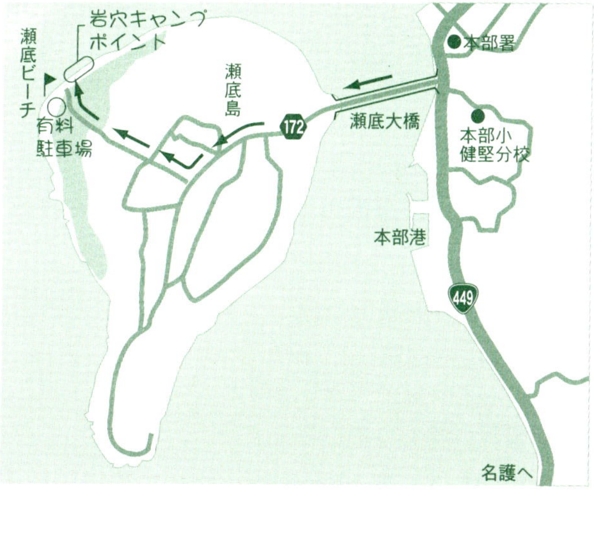

本格的なサバイバルキャンプが楽しめる海岸

天仁屋海岸

●名護市天仁屋(てにや)

国道331号線を北上、標識あり

名護市の東海岸側の嘉陽から国道331号を北上していくと、天仁屋入り口の標識があります。そこを曲がると、天仁屋集落で、そのまま降りていくと、手付かずの自然が残った海岸があります。海岸のそばを川が流れていて、海と川がいっぺんに楽しめるスポットです。海岸手前の空き地に車が停められます。

もちろんトイレやシャワーなど、何もありません。あるのは、普段は味わうことのできない、いっぱいの自然です。

海は貝類をはじめ、魚も多く、釣りも最高です。横を流れる川も、川エビ・川ハゼなどが豊富です。干潮時には潮干狩り、満潮時には、釣りで楽しみましょう。

水深15㎝程の川の中に、じーっとしていると、そこら中からハゼが集まってきて、自分がハゼの見せ物にされている様な気がしてきます。ちょっとした深みを覗くと、テナガエビがそこら中にウヨウヨしています。

ここでのもう一つの楽しみが夜の星空観賞です。まわりに全く灯りが無く、降ってくるような星空が楽しめます。

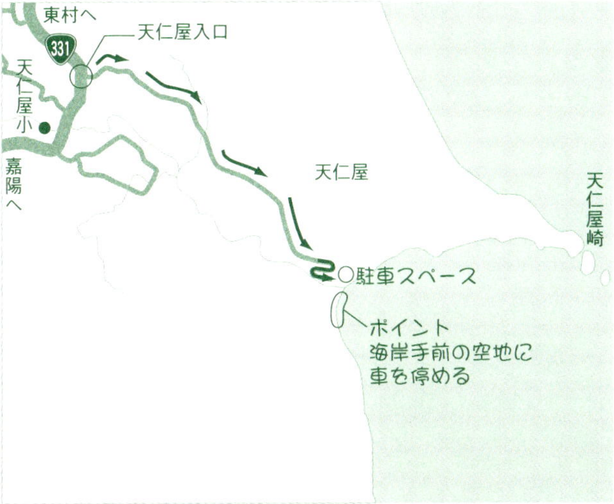

ジュゴンに出会えるかも!? しれない海岸

瀬嵩海岸

●名護市瀬嵩（せだけ）

国道331沿い名護の東海岸側

　国道58号から名護市に入ると、警察署の手前（世富慶）から右折して国道329号線を通って東海岸側へ向かいます。突き当たりの三叉路を国道331号線へ北上して、二見を過ぎて10分程行くと、左手に久志郵便局が見えてきて、その向かい側が、目的の瀬嵩海岸です。

　大浦湾に面したこの海岸は、「ジュゴンの棲む海」と言われる程綺麗な海で、地元の方々が手をかけて管理してきた事が伺えます。

　真っ青な海に、白い砂浜。本当に綺麗な海で、それを眺めているだけで何時間でも過ごせそうです。

海水浴やシュノーケルなどをはじめ、いろんなキャンプの楽しみが出来ますが、焚き火などの海岸を汚す様な事は止めて下さい。

シャワーはありませんが、部落の管理するトイレが海岸の入り口にあり、いつでも使用できます。

ここから北（辺戸岬）に向けては、綺麗な海が続き、ドライブにもお勧めです。

初心者大歓迎・至れり尽くせりのキャンプスポット

海中道路

●うるま市与那城

与勝半島と平安座島を結ぶ

4.7㎞の海上を渡る「海中道路」は整備が終わり、マリンスポーツの絶好のポイントとして生まれ変わりました。４月頃には、「あや橋ロードマラソン」のコースとしてランナーや応援者の目を楽しませています。

道路の途中にあるロードパークには海の駅、海の文化資料館があります。海沿いに芝生が植えられていて、テントの設営も手軽に出来て、トイレ・シャワーも完備されているので、キャンプやビーチパーティーの最高のポイントです。３月頃からは、週末になると、潮干狩りをする家族でいっぱいです。広範囲に渡り駐車場（無料）も完備されていて、まさに至れり尽くせり、初心者でも十分楽しめるポイントです。ここからキャンプに挑戦してみては!?

(問い合せ　海の駅あやはし ☎098-978-8830)

ここでのお楽しみは、本島側から海中道路へ入る手前の海岸線、特に県道37号線の端から屋慶名漁港にかけての遠浅の海です。小物ながらもキスをはじめ色々な魚が釣れるので、初心者や特に子どもたちは大喜びのフィッシングポイントです。また屋慶名漁港周辺の水深のあるポイントは大物も釣れます。キャンプの一品にいかがですか。

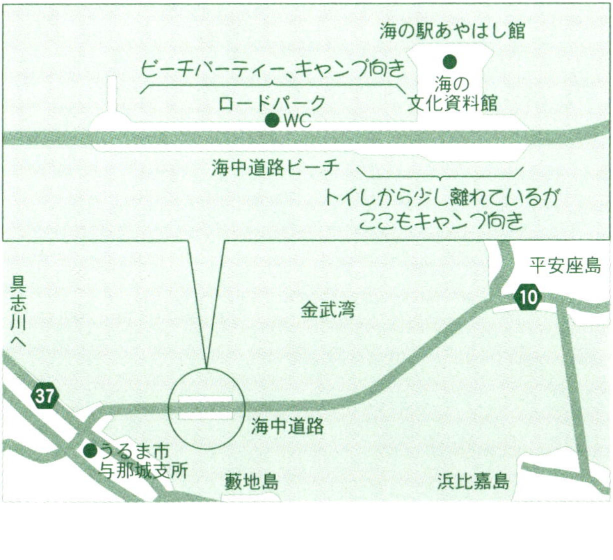

南部でのキャンプ・潮干狩りはここからスタートしよう

志喜屋ビーチ・志喜屋漁港

●知念村志喜屋(しきや)　国道331号を知念から玉城向けに

ここは、人工のビーチと自然のままのビーチがそれぞれ楽しめるポイントです。車は海岸沿いの道に停められます。

入場無料・トイレ完備・100円シャワーがあり、テントは、芝生の上に張れます。人工ビーチは遠浅で、海に向かい歩道が伸び、その先にはベンチがあります。

隣の自然のビーチ(海岸)では、潮干狩りが楽しめます。夏場はキャンプにお勧めで、私も今年は家族・職場・子ども会と3回も利用しました。

波打ち際の跡や岩の周辺の細かい砂の辺りが良く取れま

すよ！
　アサリやハマグリ、時には大きなシャコガイが見つかりますが、1時間もあれば家族4～5名分の、晩ご飯のお汁分は取れます。
　来年のキャンプの下見を兼ねて来週のお休みにどうでしょうか!?

＊＊私のおすすめお手軽バーベキューセット＊＊

「バーベキューセットを出すにはチョット」とか、「セットを買うのは？」と思う方に、次の方法を薦めます。

お菓子の入った大きめの缶(クッキーとかの丸いやつ)を釜の代わりにし、缶切りの穴空け（鷹の爪の様なやつ）で、底と周りに空気穴を空け、蓋を鉄板・鍋代わりに、100円均一で木炭と必要に応じて網を買い、それでバーベキューをします。使い終わったら蓋をして持ち帰り、燃えないゴミ箱へ。

飲み物の空き缶は蓋をくり抜き、生卵と海水を入れ、釜の四隅に置いておけば、ゆで卵も出来ます。

ピクニックやちょっとした海水浴にもお勧めです。

＊＊お手軽クッキング＊＊

「梅・混ぜご飯」

私の娘が小学生の頃、一緒に良く作った料理で、子どもでも簡単に作れます。

材料（四人分）ごはん……四人前

ツナ缶……一缶　　梅干し……四～五個

◆作り方　（調理時間・子どもでも五分程度）

①炊きあがったごはんに、油を切ったツナを混ぜ入れる。

②梅干しの種を取り、ごはんにすり込むように混ぜる。

（ハニーマイルドの方が子どもは良く食べます）

③好みで、青じそ、のり等を細かく刻んで加えて完成。

「アサリピラフ」

アサリは、「志喜屋海岸」で採ることをお薦めします。けど、コープのお店の「アサリ」でも「水煮の缶詰」でもＯＫ!!　今回は試食ということで二人前で紹介します。

材料（二人分）フタ付きのナベを使う。

米……二合

アサリ（水煮缶でもＯＫ）……活アサリ250ｇか缶詰１缶

固形コンソメ……１個　バター……大さじ１

塩・コショウ……少々

◆作り方　　（調理時間25分くらい）

①といだ米の水分を切りバターで透明になるまで炒める。

②水加減は少なめにして、アサリを加えて炊きあげる。

③好みで、塩・コショウを加えればできあがり。

※出来れば活アサリを米で炊くのに必要な水で煮て、煮汁で炊けば最高！

「ベジタブル・エッグ」（蒸し焼き）

子どもたちに大好評、家でも作れるアウトドア料理です。

メインは野菜と卵。簡単な料理なんですが、栄養満点で、これからの季節スタミナ補給にピッタリの料理です。超オススメ。材料は、鶏肉とキャベツに卵、他にいろいろな野菜。

◆作り方

①鍋に薄く油をひき、軽く塩・コショウした肉を炒める。

②キャベツなど、残りの野菜を別々に並べて入れ、フタをして弱火で蒸す。野菜から水分が出るので、水は入れない。

③野菜に火が通ったら、塩・コショウで味を整えて卵を落とす。同時にマヨネーズを全面にたっぷりと掛け、更に蒸して、卵が半熟になればＯＫ！

「焼きリンゴ」

デザートです。たき火のおき火で作る、超簡単料理。自宅のオーブンでもＯＫ！

材料は、リンゴ(甘くない方が良い)と砂糖、あればシナモン。道具はスプーン一本とアルミホイルだけの簡単料理です。

◆作り方

①リンゴの芯をスプーンでくり抜く(一人前、一個か半個)

②砂糖とシナモン（なくてもいい）をつめて、アルミホイルで包み、たき火のおき火に入れ、時々様子を見ながら、リンゴの実がトロンとしてきたらＯＫ。オーブン800Wだと15分ほど。

キャンプの翌朝、パンに乗せて食べると更に美味しい。

「竹ご飯」

お正月の時期、よく見掛ける門松(松飾り)。私は門松を見ると「この料理」を思い出してワクワクします。最近は手に入り難くなったあの太い竹筒を使って「ご飯」や「炊き込み飯」を作るワイルドな料理です。本来ならたき火を使うんですけど、火鉢やバーベキューの釜でもＯＫ！

◆作り方

①ひと節ごとに切った竹の中をよく洗っておく。

②米、または炊き込みご飯の素と米を竹筒の中に入れる（無洗米の場合）そして、少なめに水を入れ、30分ほどそのままにしておく。

③アルミホイルでフタをして火に入れる。

④竹の外側が焦げてきたらできあがり。

たまにはフタを外して、中をみてね。（火から少し離してください）

「ピザ餃子」

我が家の最近の朝食、そして急なおもてなし料理に、簡単に子どもでも作れて、なにより食べて子どもたちが大喜びの料理です。

材料（四人分）

餃子の皮……二袋（20枚入り×２袋）

タマネギ……一個　　ピザ用チーズ……240ｇくらい

サラミ・ツナ・ミニトマト……適量　ピザソース……適量

他に好みの具材

◆作り方

①餃子の皮にピザソースをぬり、少量のきざみタマネギ

をのせる。
②好きな具材をのせたら上にひとつまみチーズをのせる。
③餃子の皮のふちに水をつけ、もう一枚の皮をくっつけてフライパンで焼く。両面をこんがり焼く。

＊田舎育ちの私流?! 自然の中での遊び方紹介＊

〈海編〉

海岸で、砂浜の巣穴に逃げ込んだカニを捕まえようと砂浜を何十㎝も掘ったのは私だけではないと思います。巣穴は2〜3mもあるとは知らずに……(*^_^*)

家族やグループでゲーム感覚で捕まえる方法を紹介します。

◆カップラーメン（食べた後の物）や上をくり抜いた空き缶を、砂の中にギリギリまで埋めて、その中に煮干しやサキイカなどを入れて置くとカニをＧｅｔ!! 一個ずつ仕掛けて、少なかった人に罰ゲームな〜んて事も……

〈山編〉

◆昼間の内に木の汁に蜂や蝶などが集まっている木を探し、古いストッキングにパインや酒をかけて発酵させた果物を入れ、木にくくりつけると翌朝にはクワガタやカブトムシが……地元の子どもに教えてももらうと更に確実!! 南部地域にもまだまだ居ますヨ！私も最近、地元の子に聞いて新しいポイントを発見!!

〈川・海編〉

◆「ビンドウ」って知ってます？！　ペットボトルで簡単に作れる捕獲器です。

①ペットボトルを口の部分から３分の１くらいの所で切る

②口の部分を胴体部分に逆さまに差し込む

③全体に適当に穴を空ける。

作り方はこれだけです。中に餌とおもりになる様な小石を入れ、岩陰などに沈めて置くと、小魚やカニ・エビが…。

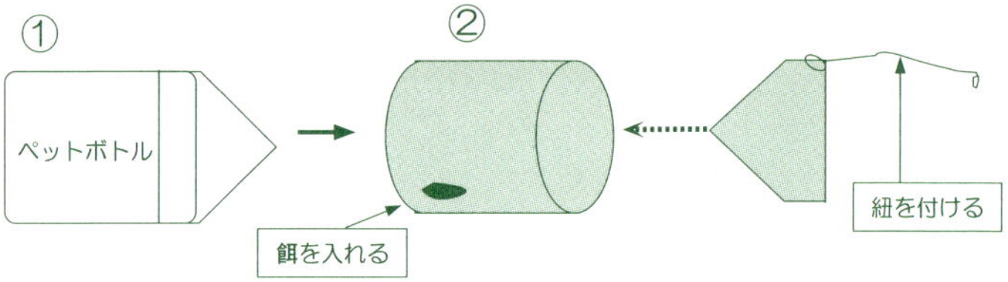

◆網を使った方法

虫取り編み（目の細かい）の網の中心（底）に20～40㎝の糸を結び、その糸の先に餌（パンなどの浮く餌）を付け、網の中に小石を入れ水に沈めます。魚が餌を食べに集まったら網を上げて……。この方法は、海よりも川のほうが有効の様です。

自然いっぱいの散策コースと公園

備瀬の並木道と海岸
嘉津宇岳の登山
玉辻山の
トレッキング
慶佐次川の
ヒルギ林散策
石川市民の森の散策
仲原遺跡
泊城公園で
ビーチパーティ
野鳥の森自然公園の遊歩道
倉敷ダムの「やんばるの川」
森川公園で
ピクニック
小谷自然観察の森の散策
玉城王の退路跡の探検
具志頭園地 具志頭の探勝歩道
八重瀬公園で森林浴
ロンドン杜公園の遊歩道
70
58
2
70
331
505
449
58
331
329
8
58
10
58
329
331
331

初心者向け登山コース　頂上の景色は最高！

嘉津宇岳の登山　（かつうだけ）

●名護市～本部町

名護から本部むけ国道449号から登る

沖縄では、「登山」とはなかなか聞き慣れない言葉ですが、子どもも一緒に楽しみながら、自然を満喫できる登山コースです。運動靴で登って下さい。また雨上がりは滑るので避けた方がいいと思います。

名護市役所を過ぎて本部町向けに国道449号線を15分程行くと、右手側に「嘉津宇岳入り口」の道標があります。そこから案内板に従って10分程車で山に向かって登ります。山腹に無料の駐車場があり、ここから標高451mの山頂を目指します。

狭い山道を徒歩で登って行きます。大きな岩が多いので結構きついかもしれませんが、小学校低学年のお子さんでもちょっとした手助けがあれば登れます。徒歩30分～40分程度です。嘉津宇岳は、植物の種類が豊富で自然保護区として県の天然記念物に指定されています。リュックにちょっとした飲み物や食べ物を持って、植物や木登りトカゲなどの小動物を見ながら、休憩を挟みつつ頂上を目指します。頂上は、心地よい風が吹き、素晴らしい景色きっと感動するはずです。

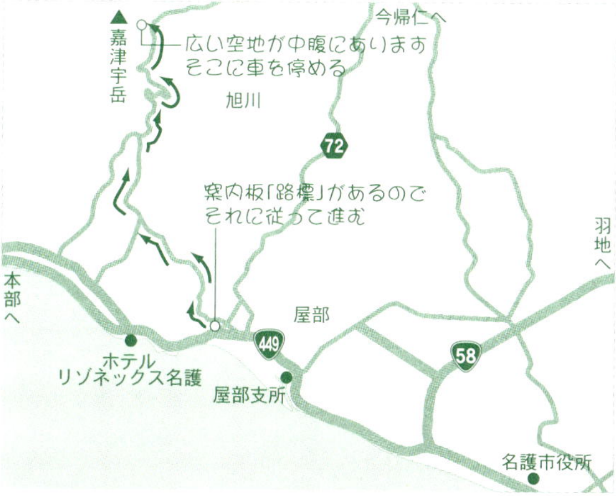

…ちょっと一息のポイント
　海洋博記念公園の海洋文化館(中央ゲート・噴水の左側)入場料が大人170円　子供50円、クーラーの効いた部屋でプラネタリウムが楽しめます。

白い砂の並木道がキレイ、昔の沖縄を感じる散策

備瀬の並木道と海岸

●本部町備瀬（びせ）

国道114号を海洋博公園向けに

海洋博公園・エメラルドビーチ側のゲートの先に、フクギ並木の備瀬集落があります。ひと昔前の沖縄の海岸沿いの集落にタイムスリップしたかの様な空間が広がります。

夏場でも心地よい風が流れる白い砂の並木道は、小さな路地まで、地元の方々がいつも手入れしている事が伺えるほど綺麗で、早朝は足跡も殆ど有りません。

フクギのトンネルに感動しながら並木を抜けると、真っ青に広がる海に、更に感動します。是非、一度はのんびりと散策して欲しいポイントの一つです。

備瀬崎海岸は、並木道を真っ直ぐ進んだ所にあり、チョットした空き地があるので、そこに車を邪魔にならないように停めます。駐車スペースとトイレは部落が管理していて無料で使用できます。この海岸のリーフ内は、釣りやシュノーケリングポイントとして知られています。綺麗でキャンプに最適ですが、事前に区長に確認が必要です。

砂浜の前には、小さな島があり、干潮時には探検気分も味わえますが、島との間は、干満時には流れが速くなるので要注意です。10月頃からの夜は、海に浮かぶ伊江島の電照栽培の灯りが幻想的で、これもオススメです。

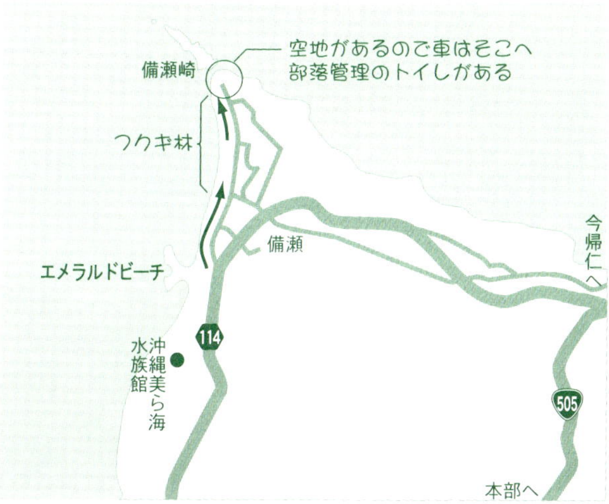

山頂からの眺めは格別！本格的な散策登山コース

玉辻山のトレッキング　（たまつじ）

●東村

東村川田から福地ダム向け

ヤンバルを代表する山のひとつ、玉辻山の登山は、嘉津宇岳の登山より、少しきついのですが、更に自然を満喫できる、往復三時間ほどの登山コースです。肌寒い時期もなかなかお薦めですよ。

東村役場ちかくから県内最大の福地ダムへの看板があります。案内にそってダムの入り口に着くと、玉辻山登山入り口の案内板があります。

山に登る途中に、いろいろな植物や生物に出会えますよ。野生のイノシシも出るとか？　途中、馬を通した生活道

「馬道」らしき跡もあり、ファミリーだとなかなか味わうことの出来ない本格的な山道です。その険しい道を越えてたどり着いた頂上の風景は格別ですよ。水分補給のための水筒は忘れずに。またハブには注意です。

川辺の生き物の多さに感激!!のスポット

慶佐次川のヒルギ林

●東村慶佐次(げさし)

国道331号を有銘から北上

　名護市源河から県道14号線を東海岸側に向けて山を越えると、東村有銘の部落に出ます。そこから国道331号線を北に10分程行くと慶佐次です。３ｍくらいの蟹のオブジェが大きなハサミでおいでおいでをしてお出迎え。そこからヒルギ林へ徒歩で入ります。ここは国の天然記念物に指定された、沖縄本島では代表的なヒルギ林です。ヒルギ林に沿って遊歩道が設置されているので、安心して散策が楽しめます。ヒルギ林は海と川(海水と淡水)のぶつかる汽水域に植生していて、その周りでは色々な生き物と出会えます。

人影がすると、水面や泥の上をピョンピョン跳ねて逃げるムツゴロウの様な生き物に真っ先に出会えるはずです。ミナミトビハゼ(沖縄名　トントンミー)と呼ばれるハゼの仲間です。更に進むと、干上がった土の上で、片手に大きなハサミを持ち、何かを呼ぶような仕草をするカニがいます。シオマネキと呼ばれるカニで、よく見ると他にもハサミが白や赤色の何種類かのカニが見つけられます。

是非見つけて欲しいのが、水溜りや穏やかな流れの中を、一見、木の枝の様な、泳ぐ棒みたいな生物がいます。それはヨウジウオと呼ばれるタツノオトシゴの仲間で、確かにタツノオトシゴを横に伸ばしたような魚ですよ。

森林浴１００選の森

石川市民の森の散策

●うるま市石川

国道329号線から石川岳へ

　国道329号線をうるま市から金武町向けに進み、手前に石川警察署を見ながら更に50mほど進むと、「石川少年自然の家」の路標。その路標に沿って石川岳(山の方)へ向かい2〜3分ほど進んだ突き当りに、目的の「石川市民の森」があります。広い駐車場があります。

　ここは1年を通して楽しめる所で、人の手がほとんど加わらない自然がいっぱいの散策道路や石川岳までの登山コースと全長３㎞余の自然散策道路が整備されていて、小さなお子さんでも安心して自然散策ができるオススメ！のところです。
　夏場は色々な植物や生物と触れ合い、秋口からは登山コースでひと汗な～んてのも……!!
　ちなみに、この森は平成元年、全国公募で「自然の森１００選」の１つに選ばれた森です。

貝塚時代へタイムスリップ

仲原遺跡　（なかはらいせき）

●うるま市伊計島（いけい）　伊計大橋から大泊ビーチ方向へ

与勝半島から海中道路で結ばれた平安座島へ渡り、石油基地を右手に見ながら宮城島に入り、更に伊計大橋を越え伊計島の奥にあるのが、国指定遺跡・仲原遺跡です。案内の看板があります。

貝塚時代の竪穴式住居が復元されていて、無料で見学が出来ます。７棟を復元し、各棟の横に説明板も設置されていて、お父さん、お母さんの手助けをしてくれます。

遺跡は、さほど大きくありません。ドライブをしながら、立ち寄る事をお勧めします。仲原遺跡へ向かう途中の海中道路や浜比嘉大橋、伊計大橋からの景色、真っ青な海に浮かぶ小さな島々は、沖縄の海の美しさを再認識させられる事間違い無しです。

これだけでも十分楽しめますが、勝連と与那城の境にある「勝連城址」もお勧めです。

海中道路や伊計島までの各所には、公園やベンチが設置されていて、弁当持参のピクニックもＯＫ!!です。パーラーも多数あり、お気軽にドライブを楽しめるお勧めのポイントです。

オオゴマダラの舞う森

シルミチュー

●うるま市勝連浜比嘉島(はまひが)　浜比嘉大橋を渡る

海中道路から平安座島、そして浜比嘉大橋を経て浜比嘉島へ渡り、海岸沿いを左に進むと「シルミチュー」の小さな看板があります。車は海岸近くの空き地に停めます。

琉球の、国作り神話に出てくる神様の居住した所と伝えられている所で、「シルミチュー」は(生まれる人)と言う意味で、現在は子宝の願掛けを行う拝所として、参拝者が訪れる場所です。その入口の鳥居の周辺の高さ3～4mくらいの木々に何十匹もの「オオゴマダラ」が優雅に羽を広げて舞っています。(8月～9月頃)

金色のサナギで知られる大きなこの蝶を自然の中でこれほどの数で見られる所は少ないと思います。ただし絶対に蝶を捕る様な事はやめて下さい。

神聖な場所なだけに、心洗われるような想いがする、そんな空間です。

すぐ隣にある比嘉漁港はファミリーフィッシングに最適。シルミチューとの間の小さな海岸からは、干潮時歩いて渡れる島があり、冒険心をくすぐられる空間を作り出してくれます。

ピクニック気分で気軽に野鳥観察

野鳥の森自然公園の遊歩道

●うるま市宇堅（うけん）　安慶名十字路から天願川河口へ

天願川の河口、自然の地形を利用して造られた公園で、自然林やソテツの群生などの中に遊歩道が完備されているので、小さな子どもでも気軽に楽しめる公園です。

展望台からの景色は格別で、金武湾を望む高台からは左に具志川火力発電所、右に天願川、その先に一年を通じ釣りを楽しむ人の姿が絶えない赤野漁港が見渡せます。

１月頃は公園内に植えられた桜が楽しめ、初夏の頃からは、クワガタムシを探す親子の姿が見られます。

ここには、県道224号線から具志川火力発電所の大きな煙突を目印に向かうか、天願川を海へ向け下るように進むと分かりやすいです。

…冬のバードウォッチング　泡瀬干潟　沖縄市

最近、埋め立て問題で話題の海岸です。沖縄市の泡瀬運動公園近くにあり、車からでも見えますが、運動公園内からも十分見渡せます。公園内にはいろいろな遊具もあり、結構広いので自転車の練習にもお勧めですよ!!　ここの干潟が埋め立てられると、また沖縄の自然が減り、これまでの様な鳥の飛来する姿や、干潮時に潮干狩りを楽しむ親子連れや、釣りを楽しむ姿も見られなくなるのかと思うと寂しいですネ!!

水と戯れ・遊び・自然学習する空間

倉敷ダムの「やんばるの川」

●沖縄市倉敷(くらしき) 国道329号から東南植物楽園方向へ

今回の紹介は、本島中部の沖縄市にある倉敷ダムの紹介です。東南植物楽園を目標にして下さい。入り口に案内板があるので、意外と簡単に目的のダムに着けると思います。

ダムの公園ではやんばるの川を再現していて、水遊びが楽しめます。(川底にはシジミがいました)

とても広大な敷地なので自転車や草ソリ、虫網など（魚取りも）を準備できれば楽しい一日が過ごせるでしょう。

ダムの敷地内には水に関する資料館もあり、水の実験装置もあります。展望タワーから見る景色も中々です。入場料は出ません。近くにはパーラーもあります。

他のダムでは味わえない川遊びが出来て、特に子ども達にとっては一日いても飽きない施設になっています。

…ダムで手軽に自然学習・体験

1　辺野喜ダム……他にはない星空広場はオススメ。半天図の星座台や日時計などがあり、星空の学習ができます。

2　漢那ダム……ヤンバルの森を再現ジオラマや私の大好きな淡水・海水の大きな水槽があり、ダムに棲む生物をみることができます。ふれあい公園の散策道には、色々な鳥やトンボなどの昆虫が出迎えてくれますよ。

手軽にビーチパーティーを楽しみませんか!?

泊城公園でビーチパーティ　（とまりじょう）

●読谷村渡具知（とぐち）　比謝川河口の読谷側へ

本島中部の自然を利用した公園を紹介します。

嘉手納ロータリーを読谷向けに、300mほど進むと、歩道橋があり、そこを左折します。部落の中に入り、500mほど真っ直ぐ進むと、左側に給油所のある三つ叉の交差点になっていて、真ん中道（畑の中）を進むと、住宅街にでます。少し進むと、右手側に小さな「渡具知海岸」の路標がありそこを入り、しばらくすると海岸にでて、目的の「泊城公園」に着きます。

公園の周りには、遠浅の海が広がり、ちょっとした釣りや潮干狩り、また滑り台などの遊具もあるので、小さなお子さんから楽しめます。

岬の上には屋根付きの休憩所もあり、数家族が一緒に過ごすのもいいはず。この日も岬の方では、ちょっとしたパーティーをしてました。公園の右側、海岸沿いに屋根付きのバーベキュー設備のコーナーもあり、事前に申し込めば家族ぐるみでのビーチパーティーも楽しめますよ！

(申込先 ☎098-982-8877)

…浜下りおすすめ　国頭村辺土名海岸

辺土名高校前の海岸です。玉石や砂利の多い海岸ですが、結構大きめのハマグリやアサリが採れます。キャンプの途中に潮干狩りを楽しんで、一晩塩抜きをして、朝食のみそ汁やバター焼きなどで食べてみては…。

羽衣伝説の公園で遊んだ後は一休み

森川公園でピクニック

●宜野湾市真志喜（ましき）　宜野湾パイプラインちかく

ここには『森の川』と呼ばれる湧き水があり、天女伝説の由来の地となっています。普天間基地に隣接していますが、県指定の名勝地になっていて、天女伝説についての石碑があるので、行かれたときにご覧になって下さい。

園内には、幅が10mほどの滑り台などや、高低差のある地形を利用して、自然の中で楽しみながらできる一般的な運動・トレーニングコース（エアロビクスコース）もあるので、大人でも楽しめますよ！

木陰も多く、天気の良い日は心地よい風を感じながら、のんびりと昼寝を楽しむのも……ＯＫ！
　公園の頂上辺りには桜も多数植えられていて、1月下旬～2月上旬頃になると、花見も楽しめますので、弁当などを持参してピクニック気分でお出かけ下さい。
　お隣は宜野湾博物館です。

…冬のバードウォッチング　海中道路周辺　うるま市
　夏場のレジャースポットとして、ここもよく知られたポイントですが、4.7kmの海中道路の両脇に広がる遠浅の海には、干潮時になると潮干狩りをする人に混じって渡り鳥が多く見られます。橋の左側では、アサリなどの貝類をはじめなかなかお勧めです!!

色々な昆虫に出会える森

小谷自然観察の森の散策

●佐敷町小谷（おこく）

ウェルサンピア沖縄から入る

佐敷町の「ウェルサンピア沖縄」(厚生年金休暇センター)をご存じでしょうか？　その近くに、自然散策コースがあります。

私が子どもの頃からある散策コースで、現在は道もある程度整備されて歩きやすく、ウェルサンピアに抜けるコースもある様です。

15分程で下の部落「小谷（おこく)」に抜けるコースがメインですが、けもの道のようなコースを辿ると、ウェルサンピア下の小さな「滝」に着きます。

ここは、クワガタムシの宝庫で、私たちの子どもの頃は、夏休みの時期になるとほとんど毎日ここに来て、クワガタムシを捕っていました。

ウェルサンピアを右手に見ながら車で1〜2分程進み、特養老人ホームを抜けて進むと、散策コース入口の看板が右手側に見えてきます。

駐車場は無いのですが、結構車も通るので邪魔にならないような所に停めて、自然観察の森に入って下さい。

グループ(複数の家族)で楽しむ手軽な探検コース

王の退路跡の探検

●玉城村・玉城城址

玉城村少年自然の家から

玉城城址をご存じの方は多いと思いますが、そこに「王の退路跡」が残っていることを知っている人は少ないと思います。

玉城少年自然の家の裏側から城址内に通じる、1時間弱のコースですが、多少難所があり、小学校の中高年以上が対象になると思います。それぞれの入り口に案内表示があります。

岩穴を何カ所かくぐり、大きな木の根っこを乗り越え、最後はちょっとした斜面を登ると、雄大な景色が見える城跡に着きます。ちょっとした探検気分？ が味わえること間違いなしです。

結構険しいコースなので、複数の家族で挑戦した方がいいでしょう。また、手袋や懐中電灯も持った方がいいと思います。ハブに注意して下さい。

近くにあるグスクロード公園もアウトドアにお勧めで、少年自然の家にも、設備の整ったキャンプ場があります。ただしかなり早めの予約が必要です。

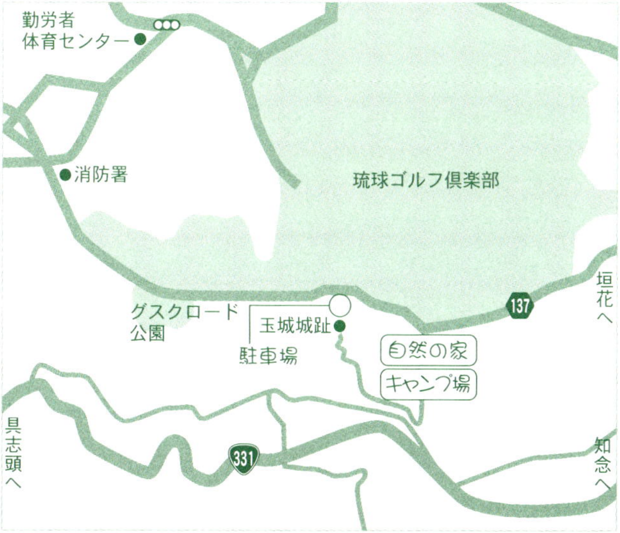

冬は桜を見ながら・夏はクワガタを探しながら森林浴

八重瀬公園で森林浴　（やえせ）

●東風平町富盛（ともり）　県道507号から高良方面へ

八重瀬グスク跡の中に作られた公園で、公園の片側を覆う琉球石灰岩の八重瀬嶽と切り立った岩山に、先ず目を奪われます。

１月下旬～２月上旬には、寒緋桜が咲き、桜祭りも催されます。グスク跡というだけあって、物見台や井戸の跡などがあります。

公園に入って最初の駐車場の下には、昼間でも薄暗いほど木々に覆われた遊歩道があり、森林浴も味わえます。

ここは、色々な植物や生き物が多く、夏場になるとクワガタムシなども採れます。（早朝出かけて見て下さい。ハブに注意して！）

近くの部落に、樹齢200年以上の「世那城のガジュマル」があり、幹周りが24mもあり、たくさんの気根におおわれていて、沖縄一の巨木に輝いた事もあるようです。公園の近くに路標があるので是非立ち寄って見て下さい。

お母さんも手軽に、森や川の自然を体感できる

ロンドン杜公園の遊歩道

●糸満市真栄里(まえざと)

糸満ロータリーを南下、糸満中央図書館むけへ

　糸満市の中央図書館の上の方にある公園です。駐車場も広く、設備の整った図書館をはじめ、公園内には滑り台などの遊具も多く、キャッチボールやサッカーが楽しめる広い芝生スペースや多くの自然を残しているので、一日いても飽きることのない所です。

　公園の中にある遊歩道は特におすすめ！　綺麗に整備された歩道は、ちょっとした森林浴気分も味わえるなかなかのコース、遊歩道の端（下の方）には、深いところでも水

深40～50ｃｍのきれいな湧き水があります。グッピーやカニなどの色々な生物がいっぱい、ここはおすすめポイントです。

公園内で見つけた生物や植物を、子ども達と一緒に図書館で調べれば、更に公園での遊びが楽しくなります。そして夏は早朝から出かける事が超オススメ!!

この付近はクワガタムシが多く生息している地域なので、初夏の頃からは早朝、遊歩道にクワガタムシを探す親子の姿が……。

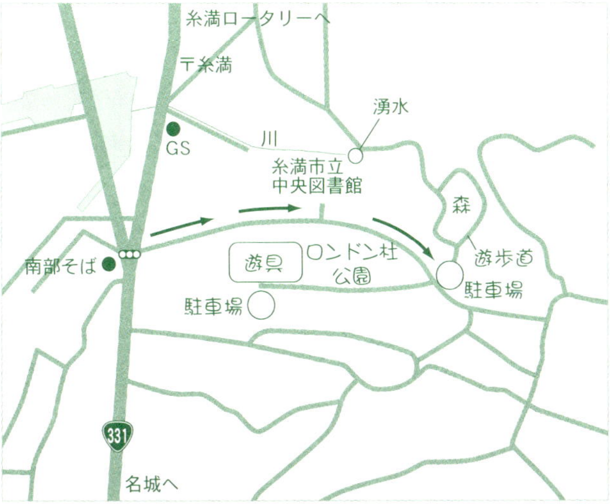

森と海が手軽に散策・ピクニックポイント

具志頭の探勝歩道

●具志頭村具志頭(ぐしちゃん)　具志頭交差点近くから

那覇マラソンの中継でお馴染みの、具志頭交差点（頭からシャワーを浴びせる場所）から丘の中腹にある村民体育館を目指して進むと、体育館の裏手側に歩道の案内板があります。東風平町方面から来ると交差点を真っ直ぐ進むのですが、村道に入ると道幅が若干細くなるので注意して下さい。

全長572.6mの遊歩道で、綺麗に整備された歩道を進むと、大きな岩の立ち並ぶ海岸に出ます。

道の途中で色々な生物と出会えます。下を注意して見ると、陸カニ・山カメがカサカサと音を立てて歩く姿や、周りの木を見ればセミの抜け殻や、クワガタやカブトムシに出会えることも……。

野生のランの様な花も自生していて、色々な種類の蝶々も見られます。

遊歩道を抜けると海岸にでます。そこではタイドロープ（潮だまり）にブルーの魚やチョウチョウ魚などの海の魚に出会えます。

帰りは来た道を戻るのですが、ハブには注意して下さい。車は入口近くにじゃまにならないように停めてください。

海辺に続く歩道で大海原を眺める

具志頭園地

●具志頭村具志頭(ぐしちゃん)

具志頭城跡へ向かって

具志頭村具志頭の近くの海岸沿いにあるオススメポイントです。海岸のすぐ近くまで道路が整備されていて、トイレもあります。

海岸沿いは砂浜で、ところどころに大きな岩影や木陰もあるので、ピクニックや簡単な釣りが楽しめます。

海岸の岩場を歩きやすい様に平坦にした歩道が、約50mほどあって、大海原を見つつ、潮だまりの魚を楽しめます。干潮時を見計らって行ってみて下さい。コバルトブルーの魚やチョウチョウ魚に出会えるはずですよ。

海中の岩影には、みそ汁に最高（おいしい）イシミーバイもウヨウヨ……。

磯の方では、釣りをしている人も結構います。でも台風前後の海は荒れるので行かないようにしてくださいね。

…冬のバードウォッチング　瀬長島 豊見城市瀬長

皆さんも良くご存じの場所ですよね!!　冬場の干潮時にはここにも渡り鳥達がやって来る事をご存じでしたか?!　島に渡る道路の両側でみれます。いろいろな渡り鳥がやって来ます。

＊＊ドングリの拾えるポイント＊＊

◆玉城村富里　　国民運動場（陸上競技場）裏の通称「ヤンバル山」（高低差のある木の区別がはっきりしていて、森のような深い山になっているから……そう呼ばれている）。アマミアラカシの木が競技場の裏（北東側）にあり、11月下旬から実が落ちはじめます。

◆中城村泊　　民家の庭先から道路側へ枝を伸ばしています。民家の方へ迷惑にならないように注意して下さい。

　国道329号線を北へ向かい、沖縄成田山（寺）への上り坂を左手に更に400mほど進むと左側に「ちっちゃなストアー」の看板があり、その脇（手前）を入り、突き当たりの巨木（民家の庭先）がドングリの木です。

◆恩納村安富祖　県民の森

　皆さんもよくご存じの場所ですね。中央広場の左側にある登山コースの山頂ちょっと手前あたりに「イタジイ」「マテバシイ」の２種類のドングリの木があります。「イタジイ」の方は食べられるようですよ。

◆名護市真喜屋　真喜屋の滝(82頁)

この滝のコースでドングリが拾えるのは滝に着く直前の下り階段の辺りだけです。でもたくさん落ちています。

＊＊ヤンバルの山の秋の果実＊＊

「シマサルナシ」というツル性の植物を知ってますか。

キウイフルーツの原種のようなんですけど、見た目はキウイそのもの。少し小さいカナ？という程で、ゴルフボールサイズ！　割り切りにした実は「キウイ」そのもので、味も最高。

源河川を遡り大湿帯（オーシッタイ）へ抜ける山道（川沿い）や他の山道でも見つけられるみたいです。ただよほど注意しないと見落としがちで、森林浴をしてマイナスイオンを浴びながら探してみて下さい。

＊＊カニさんトンネル＊＊

国道58号線、塩屋大橋を越えて大宜味村喜如嘉へ向かい、部落に入る直前、国道の右側に見慣れない看板がありました。

ここはヤドカリやカニが山から海へ降りるためのトンネルが国道の下に造られています。

初夏から初秋の満新月の日没後、子どもを海に放すために、ヤドカリは一斉に海へ降りていきます。ちょっと夜の外出にしては遠いけれど、行ってみてください。
今年は私も家族で行ってみようと思います。

＊＊クワガタ捕り＊＊

クワガタは、寿命が２ヶ月ほどしかない生物なので、乱獲はしないで下さい。
クワガタを捕る一番の方法は、地元の子どもたちに教えてもらうことです。「居る木」が分かれば、ほとんど毎年同じ木で見つかります。捕るのに適した時間帯は、私の経験では夕暮れから深夜（12時頃？）、または早朝（日の出前後）が良いみたいです。ハブに要注意です。それと事前の虫除けスプレーも……。
◆糸満市のロンドン杜公園・真壁公園
◆佐敷町の小谷自然観察の森
◆東風平町の八重瀬公園
最近は、飼育セットで充実しているので、自宅で増やしてみては…。

滝と湧水で遊ぼう

70
58
2
喜如嘉の七滝
505
331
70
平南川のター滝
真喜屋の滝
58
449
331
329
8
58
10
アーマンガー
329
58
船越大川
331
垣花ヒージャー
浜川御嶽と受水走水
嘉手志川
世持井
331
与座ガー

手軽に楽しめる本格的な森林体験

平南川のター滝

●大宜味村平南（へなん）

国道58号北上、平南橋から入る

小さなお子さんでも、お父さんお母さんの手を借りてできる沢登りを紹介します。平南橋は、谷間に架かる「赤い花笠の乗った橋」で、その橋を渡りきった所から右に入ると採石所があり、50m程行くと小さな橋があります。ここで一時停止をすると、左手側に「アザカの滝」が見えます。でも目的の滝は更にこの先です。川沿いに2〜3分程行くと小さなプレハブの建物に着きます。ここから「ター滝」へのスタート。

なるべく両手が塞がらないように弁当や飲み物をリュック等に入れましょう。川の中（深さは20㎝くらい）を上流へ向け進みます。所々に斜面に張られたロープを使い先に進んで、しばらくすると目的の「ター滝」に着きます。周りは木々に囲まれた10m程の滝ですが、その勇姿に感動間違いなしです。滝壺もさほど深くはありませんが、子どもから目を離さないで下さい。膝から下は濡れる覚悟で、また水中の石は滑りやすいので注意して下さい。滝の周りは、くつろげるスペースが十分あります。川の中は、ハゼやテナガエビがいっぱいいます。アドバイス……ジャガイモ（生）をかじり口の中でかみ砕き岩の横などに吹き出して見て下さい、エビが集まってきますよ!!

小さな子どもでも手軽に行ける隠れたスポット

真喜屋の滝　そのいち

●名護市真喜屋（まきや）

山間をゆくコース

名護市にある、真喜屋大川の隠れたスポット・二つの滝を紹介します。

名護から国道58号線を北上し、屋我地島入り口を反対側（向かいの道）に入り、突き当たりを右に進みます。500mほど行くと、左側に北部タイヤの建物があります。その脇を入って川沿いに進み、突き当たりを更に左に進むと、左側にカーブミラーがあり、その向かいの路地が滝のある山奥への入り口です。

山道を2〜3km（舗装された道路）真っ直ぐに進むと、T字路になっていて、そこを右に曲がり、左側の砂利道の下り坂を200mほど降りると空き地があり、そこが「真喜屋の滝」へのスタート地点です。空き地の奥の木造の橋を渡り、休憩所の裏を回る様に進み、川沿いの遊歩道を進みます。綺麗に整備された道で、途中の竹林を抜け、山奥の景色・空気を味わいながら3〜4分ほど進むと、やがて「滝そのいち」が見えてきます。滝の周りの色々な蝶やキレイなブルーのトンボなどが迎えてくれますよ！ 小さなお子さんでも安心して滝の真下辺りまでの散策が楽しめます。

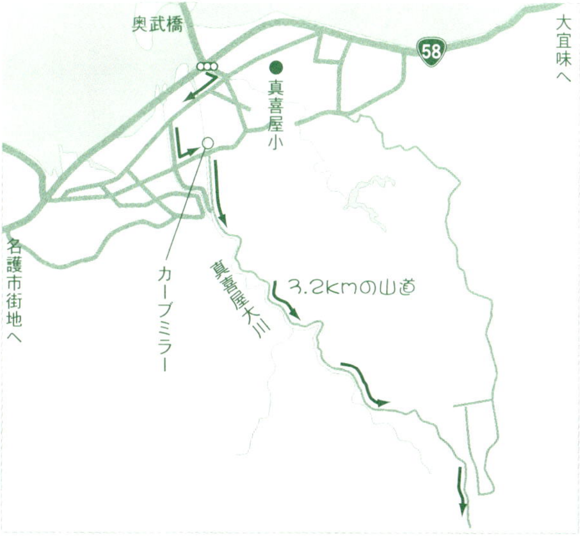

体力勝負!!　幻の滝を目指せ!!

真喜屋の滝　そのに

●名護市真喜屋（まきや）

だいぶ険しい山道

遊歩道を進み、最初の滝に着く手前の坂道の頂上付近から、更に山奥へけもの道を辿り、最初の滝の上辺りへ向かうように進むと、川沿い（「滝　そのいち」の天辺）に出ます。川沿いを20〜30分ほど進むと「滝　そのに」に着きます。

このコースは結構険しいので、小学校の高学年向けかと思います。大きな岩を乗り越えたり、急な斜面を降りたりと、大人でもちょっときついんですが、それだけに滝に到達した時の感動はひとしおです。

岩場は滑りやすいので、靴を履いて、動きやすい軽装での挑戦をお勧めします。感動間違いなし!!　滝の頂上（水の落ちる所）は、滑りやすいので近寄らないで。危険です。

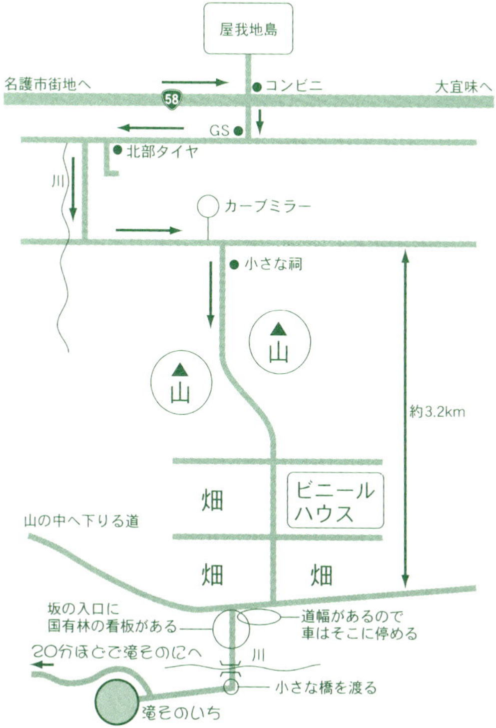

神聖な滝の直前まで、車で行けるスポット

喜如嘉の七滝

●大宜味村喜如嘉（きじょか）

国道58号から入る

「芭蕉布の里」として知られている喜如嘉にある滝です。

国道58号線を、名護市から更に40分ほど北上すると、右側に「道の駅おおぎみ」が見えてきます。そこから更に5分ほど進むと喜如嘉に着きます。国道沿いの「農村環境改善センター」を目印に部落に入ります。後は、地図を参考にして滝を目指して下さい。滝の手前に空き地があり駐車できます。

目的の滝は、厳粛な雰囲気に包まれており、綺麗に手入れされた周辺やその脇にある祠から、ここが部落の神聖な場所になっていることがうかがえます。

滝の中に限らず、周辺も色々な生き物が多く，天然記念物に指定されている「アカショウビン」の姿が見える事もあるとの事、自然を満喫させてくれます。滝壺も浅く、すぐ側まで行けます。

喜如嘉の海岸は、「板干瀬」と呼ばれる波の跡が化石になった大変貴重な天然記念物があり、そこも必見ですよ!!

マイナスイオンと名水を頭から浴びるスポット

垣花ヒージャー

●玉城村垣花（かきのはな） 琉球ゴルフ倶楽部沿いから垣花へ

名水100選に指定された有名な湧き水をご紹介します。

年間を通してこんこんと湧く水は本当に綺麗で、手どころか頭から浴びたくなるほど。また目を凝らして水中を見ると、川エビやグッピーなどがあちらこちらに見えます。周辺の段々畑ではクレソンなどの野菜の栽培がされていて、その先に見える志喜屋海岸の景色も格別です。

水かさも浅く、子ども達が十分遊べる広さもあり、大人は側の木陰で様子を見ながらくつろぐ事ができます。お弁当と子ども達の着替えを持って、一度出かけてみて下さい。
　佐敷町のウェルサンピア沖縄（厚生年金休暇センター）から百名ビーチに向かうように進みます。途中にゴルフ場のフェンス沿いを進む道があり、フェンスの切れ目から更に200m程進むと、海が見えてくる手前の左手側に「垣花樋川」の案内板があります。体力に自信のある方は垣花部落側の、昔から使われていた石畳コースがおすすめで、そうでない方はもうひとつ先、仲村渠部落からの平坦な遊歩道を選んで行ってみてください。

巨大テナガエビに出会える水遊びのスポット

船越大川　（フナクシウッカー）

●玉城村船越（ふなこし）

県道48号から船越集落へ

糸数城址のある糸数台地からの浸透水が湧き出て、夏場でも涸れる事のない豊かな水量を保っているカー（湧き水）です。

ここに着いたらまずは、そーっと水中を覗いてみて！　え〜なにこれ！　ザリガニ？　ロブスター？　実は、ハサミをいれると体長20㎝以上にもなる日本最大のコンジンテナガエビです。10㎝程度のテナガエビもあっちこっちに見えるんですが、大きなエビは人影がするとさっと逃げてしまうので、まずはそーっと覗いてみてネ。

最近は、近所の子ども達の水遊びの場として親しまれています。水深も50㎝程しか無くグッピーや川エビ捕りで、週末になると賑わう水遊びに最適の場所です。水遊びの後は、芝生の所で食べ物を広げてちょっとしたピクニック気分を味わうのもＯＫ！　昔は、浴場や馬の水浴び、フナやウナギの釣り場として利用されていた様です。

糸数城址の近くにあり、ショートコース玉城の看板を目印に路地に入り、100m程進むと右手側に見えてきます。

稲作伝来の伝説発祥の地

浜川御嶽と受水走水

●玉城村百名(ひゃくな)　新原から百名ビーチにむかって

新原ビーチに入る手前（観光バスなどの停留所）を左に入り、100mほど進むと左側にあるのが「受水走水」(うきんじゅはいんじゅ)です。伝説の稲作発祥の地です。

その周辺の水路のような水深20㎝ほどの川を覗いて下さい。キレイなグッピーや体長10〜20㎝、ハサミを入れると30㎝ほどの巨大なエビがいます。夏場は駐車場は有料です。

そこから更に先へ進み、行き止まりまで行った所に「浜川御嶽」があります。

とても小さな湧き水なんですが、小さなカニやエビが居ます。運が良ければ、赤やピンクの甲羅とハサミを持った特大のキレイな陸カニに会えるかも。

両方とも聖域ですので、大切にしましょう。

色々な生き物と安心して遊べるキレイな湧き水

世持井　（アファガー）

●具志頭村与座（よざ）具志頭交差点からサザンリンクス方面へ

「世直し」の名を持つ湧き水－昔の人達の水源の一つを紹介します。

洗濯や水浴場として以前は利用されていましたが、現在は周辺の畑の散水用として利用される一方、近くの子ども達の水遊びの場として親しまれています。

春先になると野生化したグッピーやカニ・テナガエビなどがそこら中に溢れ、週末ともなると、近くの子ども達の声で賑わいを見せます。目の細かい虫取り網などを持って行き、子ども達と一緒に楽しんで下さい。

　具志頭交差点を平和祈念公園向けに１分程進むと、左手側に「安里保育所」「平良工具店」が見え、バス停の所にある「宮城商店」の脇を入り、畑の中を山に向け100m程下りながら進むと、ちょっとした登り坂に差し掛かります。その左手側が、目的の「アファガー」です。車はじゃまにならないように農道に停めます。

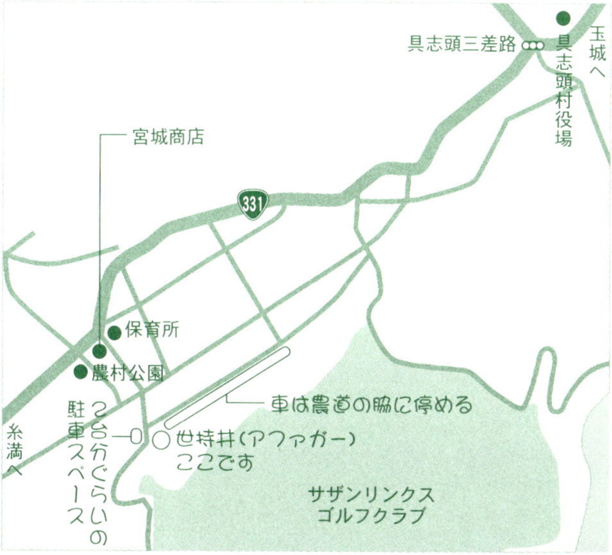

南部地区では数少ない奇跡の川

アーマンガー

●糸満市真栄里（まえざと）　糸満ロータリーを南下して

皆さんは、沖縄の川魚・淡水魚と言うと何を思い浮かべますか？　グッピー、テラピア、ブラックバス……地元出身のお父さんならタップミノー、フナなどが浮かんでくると思いますが、実はフナ以外は全部・移入種（外来種）です。また川と言うと、ヤンバルの源河川や比地川を思い浮かべませんか？

今回、ご紹介するのは南部の川です。「奇跡の川」とタイトルをつけたのは、実際は湧き水ですが、それが海に流れ込むほんの数百mの間に驚かされることがあるのです。

そこには、山原の源河川（河口の汽水域～上流の淡水域まで６km程）に相当する種類の魚が棲んでいるのです。

私が確認しただけでも、淡水のハゼが11種類、エビが５～６種類、他にも数種類の淡水魚がいます。特にエビは20cm弱のものがそこら中に居て、生態を知っていれば姿が見えなくても取れるほどです。

ただしエビは肉食で、なおかつ共食いをするので、持ちかえって水槽に入れる場合は、気を付けて下さい。また必要以上に取らないで下さい。他からの魚（ペット・熱帯魚）は絶対に持ち込まないで下さい。

小さなお子さんも思いっきり水遊びが楽しめるポイント

嘉手志川　（カデシガー）

●糸満市大里（おおざと）　県道７号を糸満の内陸部方面に

県道7号線を豊見城市から糸満市方向へ進みます。照屋東の十字路を越えて、しばらくすると右手に高嶺幼稚園が見えてきます。その向かいの路地を入ってすぐ左側、畑の脇の大きな池が嘉手志川です。

水深は深い所でも30～40㎝ほど、湧き出す水もとってもキレイなので、安心して水遊びが楽しめます。実際は、水遊びの為の場所ではなく、洗濯や野菜の洗い場、昔は飲み水の確保の場として作られた様です。

現在は、水道の整備などにより付近の農家の野菜の洗い場・子ども達の遊び場として親しまれています。この日も近くの保育園から子ども達が遊びに来ていました。

岸よりの方にはグッピー、その下の岩陰にはカニやテナガエビ、ちょっと深みのある所には30cm以上のテラピアなど、色々な生物がいます。

川の周りには木陰やベンチもあるので、持参したお弁当を食べ、その後は木陰での〜んびり、子どもの遊ぶ姿を見ているだけで心が和み、幸せな気分に!!

キレイな湧き水を引き込んだプールは

与座ガー

●糸満市与座（よざ）

糸満署から与座集落へ

自然の湧き水を利用した、人工のプールや川で遊べるポイントです。水も綺麗で、干ばつの時でも豊富な水量で地元の農業用水や子ども達の憩いの場、遊び場として親しまれています。

プールの方は、湧き水を引き込んでいるのでキレイで、20～30㎝ほどの深さなので、小さなお子さんでも安心して遊べます。

小さな滝に魚道、そして水車のある川の方は、水量も豊富で流れを楽しみながら遊ぶ事ができますが、こちらは80㎝ほどの深さがあり、ちょっと大きなお子さん向けかな?!

水の湧き出る方（上側）の水路は20㎝ほどの深さしかなく、ここはよ～く目を凝らすとグッピーや川エビの姿も!!

ちょっとしたベンチがあるので、ピクニック気分で立ち寄ってみてはいかがでしょう。脇に駐車スペースも用意されています。でも私は、整備する以前の自然のままの方が好きだったんですけど……ね。

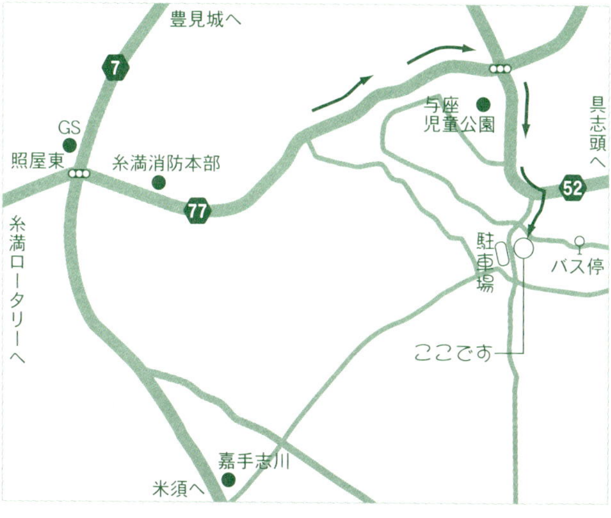

＊＊ちょこっと水遊びに出かけませんか!?＊＊

(南部編)　小さなお子さんも楽しめます。

糸満市座波御母御ガー

　簡易水道跡で、地元の方々が一部に囲いをして、とても大切に管理している川です。注意書きを守って下さい。水に入らずにチョコット、楽しめま～す。

糸満市国吉の水場

　深さ30cm・幅30～40cmほどの水路跡に、色々な生物や水草が自生していて、小さなお子さんでも安心です。

糸満市新垣　泉ソージガー

　バス停留所近くの、道の利用側に湧き水・溜池があり、溜池はフェンス囲いされているので安心!!グッピーや小さなエビ・ヤゴなどの生物と、水に入らずに触れあえます。

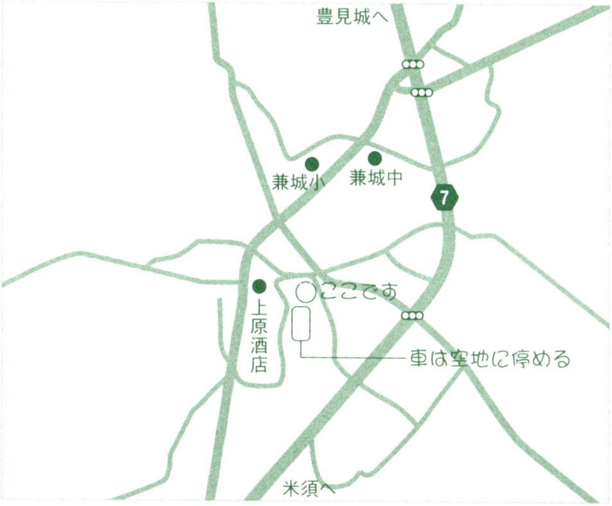
豊見城へ
兼城小
兼城中
7
上原酒店
ここです
車は空地に停める
米須へ

豊見城へ
高嶺中
嘉手志川
7
玉城商店
パームヒルズ
ゴルフリゾート
新垣
泉ソージガー
ここです
250
入口に2台分のスペース
又は、
車は道路の脇等に停める
国吉の水場
ここです
4～5台の
駐車スペース有り
米須へ

＊＊初日の出の見えるスポット＊＊

具志頭海岸（具志頭城址公園）

具志頭海岸の城址側の方がよいポイントです。ここは戦没者史跡も公園内にありますが、部落の中にあり、地元の人以外はあまり知られていません。高台にあり、天気さえ良ければ地平線からの日の出を一番確実に見れるポイントです。

この近くに具志頭村の陸上競技場があり、ここもほとんど知られていないので、時間ギリギリに現地に向かっても大丈夫かと思います。

両方とも現地までの道は分かりにくいと思います。事前に確認して下さい。

知念岬公園

高台から見下ろす景色は絶景です。目前に久高・コマカ島などが見え、180度に広がる海原から登る初日の出を家族で！ 帰りは大変混みます。余裕を持って帰りましょう。

与那城町・海中道路

平安座島に海上を4.7kmの道路で結ぶ海上道路です。

片側2車線・所々にパーキングエリアがもうけられています。平安座島の先の島々の海の景色はダイビングのスポットにもなる程の景観です。海中道路の間は混み合いますが、チョット時間を置けば楽に帰れます。

のんびり浜で遊ぼう

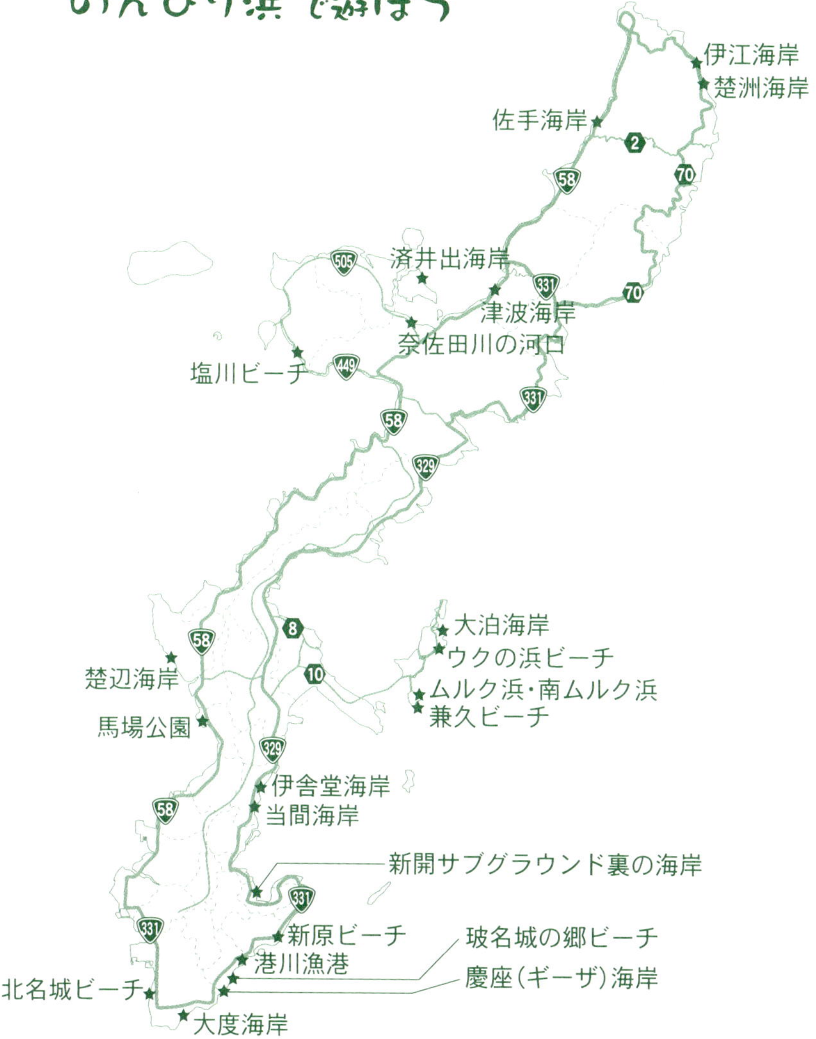
伊江海岸
楚洲海岸
佐手海岸
2
58
70
済井出海岸
505
331
津波海岸
70
奈佐田川の河口
塩川ビーチ
449
331
58
329
大泊海岸
8
ウクの浜ビーチ
58
楚辺海岸
10
ムルク浜・南ムルク浜
兼久ビーチ
馬場公園
329
伊舎堂海岸
当間海岸
58
新開サブグラウンド裏の海岸
331
331
新原ビーチ
玻名城の郷ビーチ
港川漁港
慶座(ギーザ)海岸
北名城ビーチ
大度海岸

キャンプにおてごろな川原と海岸

伊江海岸

●国頭村伊江（いえ）

東海岸県道70号を北上

県道70号線を北上したところ、伊江川の河口にある伊江橋の辺り。

伊江川が海に流れ込む海岸で、河口付近の川はとても浅くて、安心して川沿いでキャンプが楽しめますよ。最近はなかなかの人気スポットになってます。伊江橋の下を利用すれば、日陰も確保できて、その近くまで車で入れます。海で釣りを楽しんでよし、川を遡って、伊江川探検な〜んてのもオススメですよ。

川遊びと海遊び

楚洲海岸

●国頭村楚洲（そす）

東海岸県道70号を北上

本島北部の東海岸側県道70号線上に架かる楚洲橋の下に広がる海岸。海岸の先には一文字の防波堤があり、そこまでは水深も浅く、波も穏やかです。楚洲橋の下を流れる楚

洲川が海へ流れ込む辺りは、満潮前に釣り、干潮時には川遊びで楽しめます。テナガエビやカニ類が多い。

ヒザあたりまで海に入りながらのイシミーバイ釣り！

佐手海岸

●国頭村佐手（さて）

国道58号を辺戸むけ北上

佐手川の河口から海岸にかけては、ちょっとした川遊びと潮干狩りとイシミーバイ釣りが楽しめるポイント。干潮時はアサリなどの貝類やたまにウニやアワビも採れ、干潮時から満潮に向けては、ヒザあたりまで海に入りながらのイシミーバイ釣り！この釣りは干潮時に海につながるような溝や水たまりを狙うと釣れる確率も。

釣れた魚や貝はキャンプやビーチパーティで、その場で調理して食べるとさらに美味しく感じますよ。河口から中流にかけては、川エビがいっぱいいますよ。

津波海岸

●大宜味村津波（つは）

国道58号を塩屋手前

名護から北上して塩屋湾に入る手前にある給油所の隣、道路の左側の林の間に砂浜が見えてきます。

斜め向かいにクロネコヤマトとファミリーマートがあるので、分かりやすいかとおもいます。

駐車スペースは大きくて、車を横付けしてオートキャンプも可能なので、初心者でも気軽にキャンプが楽しめますよ。食材などの調達も向かいのコンビニで楽チンです。

釣りのポイントなので、おかずは現地調達もＯＫ！

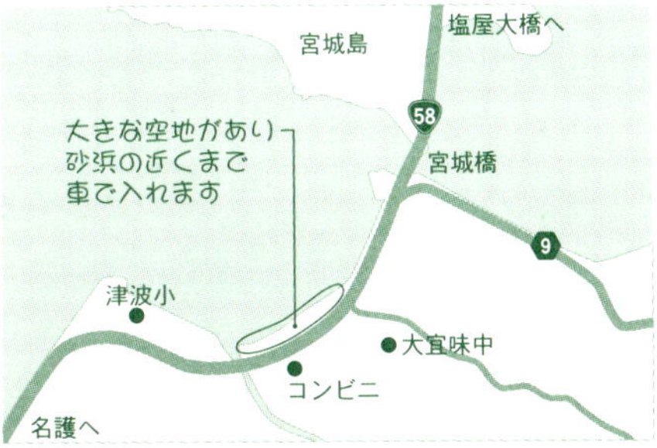

とにかく、心静かにの〜んびり過ごしたい場所

済井出海岸　（すむいで）

●名護市屋我地島（やがじ）　屋我地島の北側

この風景を眺めているだけで、「不思議と心が満たされる空間」「心が元気になれる空間」「生きる氣に満ちた空間」。そんな紹介を受け、訪れる様になった場所です。

沖縄本島内とは思えないほど、多数の小島が砂浜から見渡せ、海岸沿いの砂浜、海中ともとても綺麗で、地域の方々が、大切にしてきた事がうかがえます。

国立療養所沖縄愛楽園を囲う様に海岸線が延びており、過去の療養所の話を聞けば、先に記載した「癒しの空間」

と言うのも分かるような気がします。

屋我地大橋を渡り、国立療養所向けに進み、療養所の手前を右折すると海岸沿いの道に出ます。

療養所の裏を囲う様な道を進むので、安全運転で静かに!!

潮干狩りしての〜んびり過ごしたい場所

奈佐田川の河口　　（なさだがわ）

●名護市呉我（ごが）　　名護から海沿いに今帰仁方向へ

国道58号線名護バイパスから今帰仁村方向に進むと、呉我橋に差し掛かります。その橋の下を流れる川が奈佐田川です。ここのオススメは潮干狩り。河口から海岸の方が干潮時で干上がった時がチャンスです。いろいろな種類の貝が採れ、好天気の日は地元の人が潮干狩りを楽しんでいるので、採れた貝の名前や食べ方などを教わりながら一緒に楽しんで下さいね。満潮時はこの河口も釣りが楽しめます。秋はキスやチヌが釣れます。

世界的に珍しい塩からい川

塩川ビーチ

●本部町塩川（しおかわ）　名護から海沿いに本部方向へ

名護市から東シナ海（西海岸）沿いの国道449号線を進み、砕石地帯を抜けた辺りにある部落管理のビーチです。

入場料及び駐車場は無料。近くには有料のところもある。部落管理のトイレ・シャワー（無料）があります。大切に使いましょうね。

ここの目玉は天然記念物に指定されている「塩川」で、世界でもここを含めて2カ所しかない塩水の流れる川がビーチ横にあり、300m先（山の方）の源流も塩水で、水量豊富です。

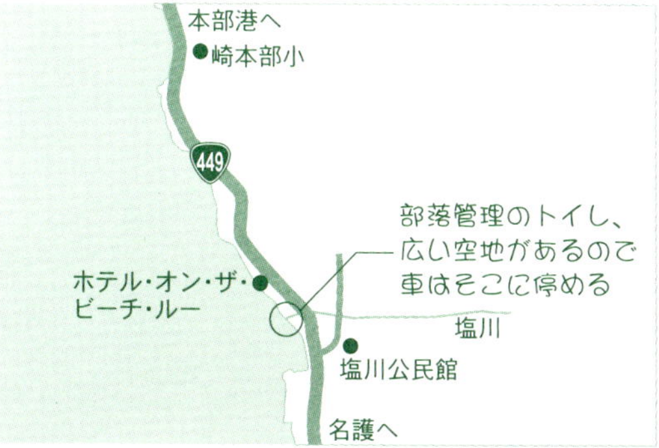

大泊海岸 (おおどまり)

●うるま市与那城宮城島(みやぎ)

海中道路を渡り宮城島へ

海中道路の人ごみを避けてのんびりと過ごしたい方にうってつけの場所。海中道路から平安座島へ渡り、更にその先の宮城島の部落・畑道を進むと、やがて海岸線に出ます。ちょうど、直線に伸びる畑道が海岸線に沿ってカーブするあたり、護岸沿いの空いているスペースに車を停めて海岸に出ます。右側には、釣りの好ポイントの漁港、そこから人工的な海岸線（高さ20㎝ほどの階段状になった防波堤）が100mほどつながります。そこから左側の砂浜、白く綺麗な自然のビーチが大泊海岸です。

　トイレやシャワーなどはありませんが、遠浅のきれいな海が広がるこの砂浜は、ほど良い木陰もあり、海水浴やキャンプ、そしてドライブの休憩、ピクニックに打ってつけの海岸。真っ青な海に浮かぶ浜比嘉島の景色を見ながらの～んびりとお弁当を食べたり、子どもたちと砂浜を散歩しながら貝がらやサンゴのかけらを拾い工作の材料に…!?
キレイな瓶に詰めるだけでも意外とかわいい置物になります。

プライベートビーチ気分満点のスポット

ウクの浜ビーチ

●うるま市与那城宮城島（みやぎ）　海中道路から宮城島へ

　宮城島にあるこのビーチを知っている方は少ないと思います。海中道路から平安座島へ渡り、宮城島の海岸沿いの道を行くと、急な斜面に架かる橋の下にこのビーチはあります。そこだけ孤立したような佇まいの所で、夏場でも利用者が少なく、プライベートビーチ気分で、の～んびりと過ごせます。とても綺麗な遠浅の海が広がり、海水浴やキャンプにお勧めで、また谷間にあるため冬場の風の強い日でも風に殆ど影響されず釣りが楽しめます。トイレ・シャワーはありません。以前は海岸沿いまで車で行けましたが、現在は道が悪く、途中で路上駐車をして100m弱ほど歩くことになります。

プライベート気分でのんびり過ごす！

ムルク浜・南ムルク浜

●うるま市勝連浜比嘉島（はまひが）　浜比嘉大橋を渡る

　海中道路から平安座島へ渡ります。そこから浜比嘉大橋を渡り左折して海岸線を300m程進むと、漁港の先に「ホテル浜比嘉」の看板が坂道の下にあります。その看板の手前を左折して海岸沿いの未舗装の道を進むと、この浜が見えてきます。

　大きな岩を挟んで、手前側の「ムルク浜」と岩の向こう側の「南ムルク浜」に分かれている砂浜です。

　「ホテル浜比嘉」の裏手側、崖の下の方にあるビーチなので、シーズン中も地元やホテルの一部の利用者が居るだけなので、の〜んびりと過ごせる所です。

「ムルク浜」の方は、海水浴や、ビーチバレーなどグループや複数の家族で楽しむのに向いていて、大きな岩を挟んだ先の「南ムルク浜」は木陰もあり、プライベートビーチ感覚で少人数（家族だけ）でのキャンプや釣りを兼ねたピクニック・潮干狩りに最適です。

海岸の近くに駐車もできますが、ホテルの有料駐車場もあり、そこに有料のトイレやシャワーもあります。

海と岩山が絶景のプライベートビーチ

兼久ビーチ （かねく）

●うるま市勝連浜比嘉島（はまひが）

浜比嘉島・比嘉漁港の右端の方にある100mちょっとの、自然のままの海岸です。

左側は漁港の防波堤で目隠しされ、右側は岩山に、海岸線は「シルミチュー」「オオゴマダラ」の舞う森に囲まれた小さな砂浜です。

すぐ目の前（海上）には、大きな岩山が数個あり、どこか奥地の海岸にでも居る様な気にさせてくれる砂浜で、干潮時には海上の岩山の方にも渡れ、干潮時だけ現れる岩山へ続く砂浜は、正にプライベートビーチ！の様です。

釣りや潮干狩りにも向いている様で、漁港周辺は浮き釣り、砂浜からは、打ち込み釣りが楽しめます。

浜比嘉大橋を渡ると左折して、海岸沿いを右手に漁港を見ながらちょっと進むと「ホテル浜比嘉」の看板があるので、その手前を右（部落内）に入り、路地を左へと進み「シルミチュー」の案内に従いしばらくすると、漁港に着きます。その右端が目的の海岸です。トイレ・シャワーはありません。

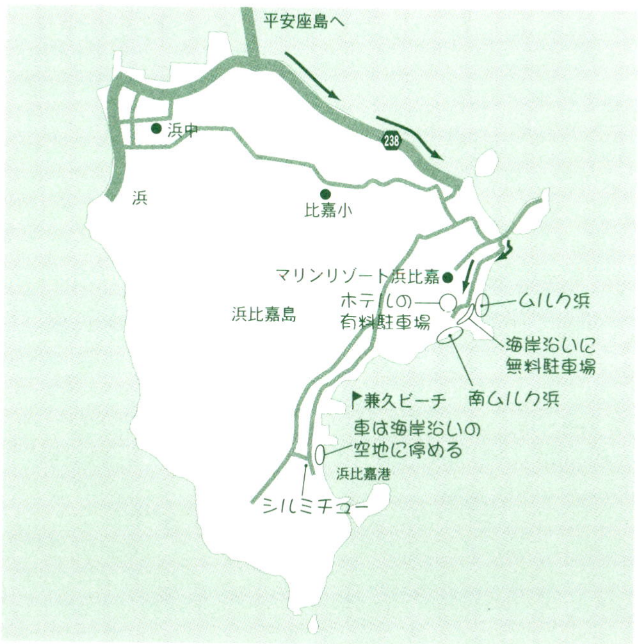

混雑を避け家族での〜んびり過ごせる楽しみの多い海岸

楚辺海岸

●読谷村楚辺（そべ）

読谷村西側の県道６号線から

　地元の方や、釣り好きな方には割と知られた海岸です。特にこの海岸は、隣の都屋漁港を含め釣りの好ポイントとして知られています。漁港周りのテトラポットの間には味噌汁に最高のミーバイ（ハタ科の魚）が！ この海岸を含め漁港周辺には、食べておいしい色々な種類の魚がいます。大物を狙って一晩中釣りをする人の姿も…。（漁港内は深みがあるので子どもから目を離さないよう注意して！）

　国道58号から県道６号をトリイステーション向けに進行して、楚辺区民運動場の看板から入ります。

海岸線は遠浅のきれいな海で、満潮時は海水浴、干潮時は潮溜まりにいるコバルトブルーや色とりどりの海水魚を見たりと、楽しみの多い海岸です。釣りや潮干狩り、そして海岸でキャンプを兼ねての釣りがお勧めのポイントです。

海岸の裏手側に部落管理の公園があり、トイレ、水は使えますが、シャワーはありません。車は都屋漁港側から入りましょう。

花のようにきれいな海の生物が手軽に観察できる

馬場公園

●北谷町砂辺（すなべ）

国道58号から砂辺に入る

海岸沿いに造られた公園です。国道58号線を北谷町美浜から更に北上して（１キロくらい）、嘉手納町との境の両側に基地のフェンスがあるすぐ手前の砂辺の交差点（T字路）から、１キロ程入ったところの団地の脇に「馬場公園」があります。ブランコなどの遊具もありますが、ここでのオススメは公園の側にある白い砂浜の海岸！海水浴には少し不向きですが（岩が多いので）、干潮時に少し入ると、カラフルな海水魚や赤や青や黄色の色とりどりのきれいな花のような生物のケヤリやイバラカンザシがいっぱいいます。ピクニックがてらの釣りや潮干狩りにオススメ。

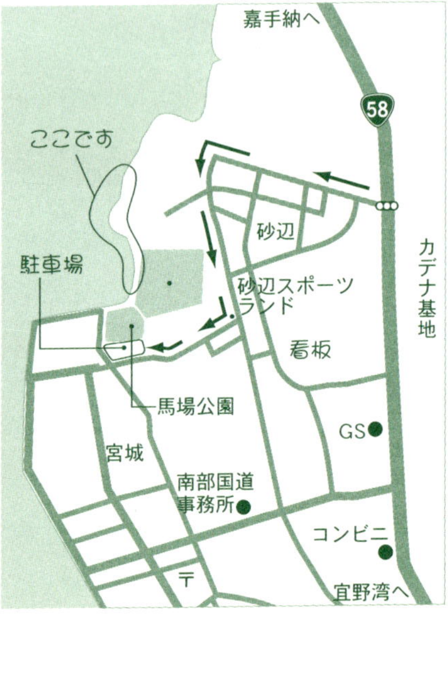

伊舎堂海岸

●中城村伊舎堂（いしゃどう）　国道329号を中城方面に

中城村伊舎堂にある、日石三菱石油精製所（コンビナートタンク）脇の海岸です。海岸沿いには色々な工場があり、国道から海岸線はほとんど見えません。

秋口から冬場にかけては、キス釣りの穴場として親しまれ、春から秋口は潮干狩りや釣りをかねたミニキャンプを楽しむ人の姿が…!!トイレやシャワーなどは無く、海岸沿いには飲み物の自動販売機しか無いので、買い物は済ませておいて下さい。日陰はほとんど無いのでパラソルやテントなどの準備をお忘れなく。

国道329号線を中城村から沖縄市向けに進み、中城村の成田山福泉寺を横目に見ながら500mほど進むと、コンビナートが見えるので、その脇（信号）を入った所です。

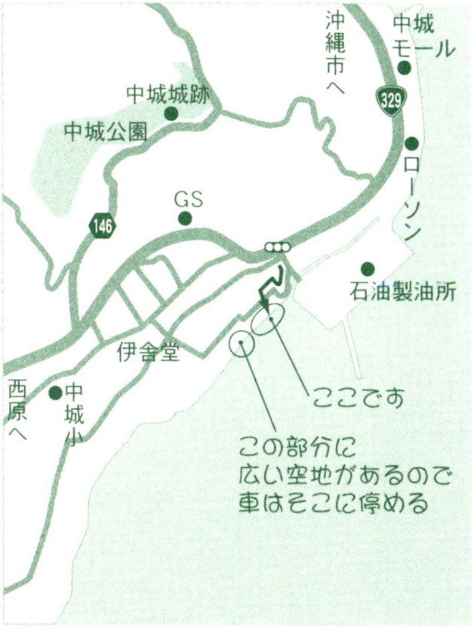

子どもも楽しめる、キス釣りの隠れポイント

当間海岸

●中城村当間（とうま）

国道329号を中城村役場方面へ

キス釣りのポイントと言うと、名護市の屋我地や佐敷町の馬天港を思い浮かべる方が多いと思いますが、中城村運動公園の裏辺りから「沖縄ホーメル」を越えゴルフ練習場の辺りまでの海岸沿いも、中々のポイントだとご存知の方は少ないと思います。

この辺りは砂浜続きなので、ファミリーフィッシング向き!!　ただ、所々に結構大きな岩が点在しているので、ポイント選びには、干潮時の下見をオススメします。

国道329号線を西原町から中城村に進みしばらくすると、右手側に給油所、その反対側に「沖縄ホーメル」の看板、その看板に沿って部落の中へ入ると中城村運動公園に突き当たります。その裏側が海岸になっていて、運動公園を右折して最初の路地を左に入ると、運動公園の端にでます。

または、逆に左折してホーメルの手前を右折するか、ゴルフ練習場の辺りの農道から入れるところを探し、海を目指します。ちゃんとした駐車場はありませんが、海岸沿いの道幅のある農道に駐車できます。

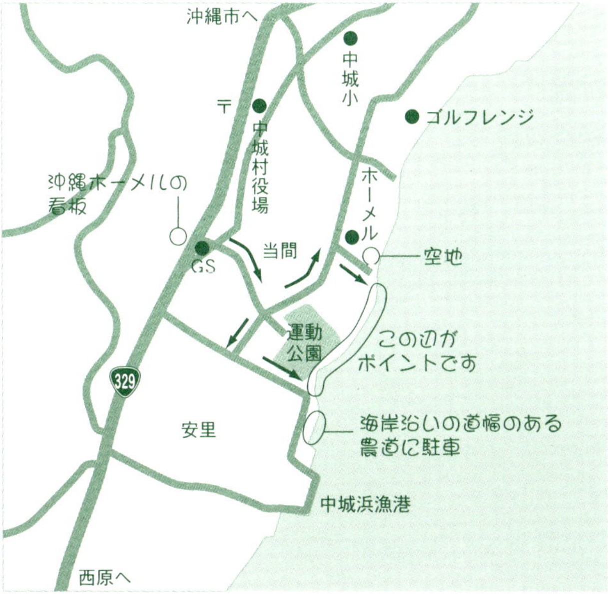

初心者にやさしい魚が釣れるポイント

新開サブグラウンド裏の海岸

●佐敷町新開（しんかい）

国道331号を佐敷へ向かう

ここは、ファミリーフィッシングにお勧めのポイントです。地図の国道331号から埋め立て地・新開に入った突き当たりです。更にそこを右に曲がったところが、釣りのポイントです。グラウンドと福祉センターの間辺りが好ポイントです。

海の中は小さな石があり、多少根掛かりしますけど、ゴカイを使っての打ち込み釣りを勧めます。

針はなるべく小さなもの（チヌ針）を使うと、手のひらサイズから希に40㎝サイズのチヌが釣れます。
　干潮時は干上がるので満潮の前後（特に中潮～大潮）が良いでしょう。手のひらサイズなら、夕食のおかずは十分過ぎるほど釣れます。
　私が子ども達（３人）と行った時には、30分の間に、30㎝以上のチヌ１匹を含め、ガーラ・ヤマトビーなどを、一人４匹は釣り上げ、私たち家族の胃袋の中に消えていきました。ちなみに、一番大物を釣ったのは言うまでもありません、初心者の次男（小1）で、私と長男（小6）は、立場が…。是非、家族で出かけてみて下さい。

色々な海の生き物に、思わぬ大物魚!?に出会える海岸

港川漁港

●具志頭村港川（みなとがわ）　国道331号から港川集落へ

国道331号線を糸満市から具志頭村の役場前を通過し玉城村へ入る直前、右手側に向陽高校、左側にコンビニがあり、その先の信号を右折し、100mほど進むと川沿いの道に出ます。その右側が目的の港川漁港です。

漁港内は綺麗に整備されていて、週末になるとファミリーフィッシングを楽しむ親子、釣り人の姿が絶えません。(漁港内にトイレもあります)

漁港内を右沿いに回ると、自然のままの海岸に出ます。春先から秋口にかけては、潮干狩り（主に巻き貝）、2月頃

の寒い時期にはアーサ採りをする姿を目にします。
海岸は主に岩場なので、遊ぶ際は靴履きが良いですよ！
春先から夏にかけてはコバルトブルーの魚や色とりどりの海水魚が見られます。
この漁港のもう一つの楽しみが、漁港入り口で販売している刺身などの採れたての魚。安価で購入できるので、釣れない日は、私もお世話になっています!?

有名だけど実はちょっとした穴場のビーチ

新原ビーチ

●玉城村新原（みーばる）

国道331号を玉城へ

観光ガイドにもよく載っているビーチなんですが、ここは海水浴だけの利用ではもったいないビーチです。

一番の魅力は砂浜がきれいなことと、夜は静かなこと。灯りも少なく、とにかく星空がきれいな所です。トイレ近くの砂浜には大きな岩が点在しているので、その間をうまく利用すれば、プライベートビーチ気分も味わえますよ。無料のトイレもあります。知人のキャンプにちょっと顔を出しに行った時、夜の10時頃でしたが、30分ほどで30㎝くらいの魚が3匹釣れ、その場で美味しくいただきました。

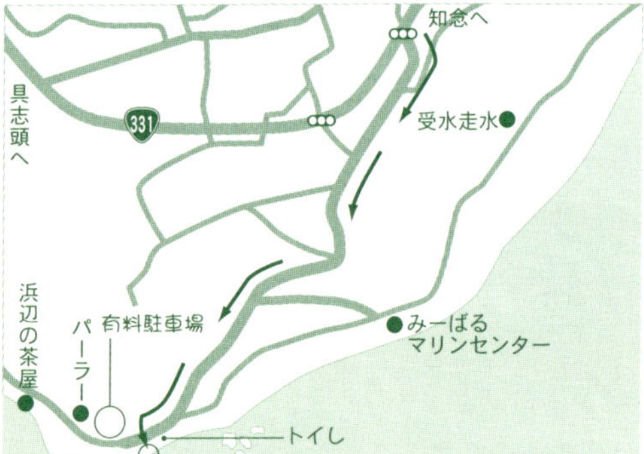

豪快な風景をバックに釣りも楽しめる

慶座海岸　（ギーザ）

●具志頭村与座（よざ）　平和祈念公園近く

　ちょっと高学年向けのポイントです。慶座海岸は、地元を含め一部の人にしか知られていない秘境で、まず崖の上からみた景観に感動し、下の海岸沿いの風景に更に感動します。近くで地下ダムを造っているので、少し変わってしまいましたけれど、崖の途中から水が湧き、滝になってそのまま海に流れ込んでいます。釣りのポイントにもなっていますが、海岸沿いは足場が悪いので、要注意です。海岸までは道があります。

　場所は平和公園近くの大きな風車の道向かいの地下ダムの看板を入った所です。

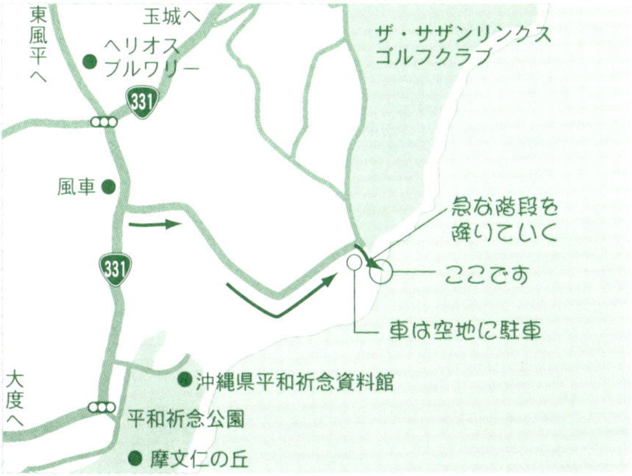

大人は服を着たまま!? 安心で楽しい海水浴

玻名城の郷ビーチ

●具志頭村玻名城(はなしろ)　サザンリンクスから浜へ降りる

具志頭三差路を糸満方向へ行くと、左手側にゴルフ場の看板が見えます。ゴルフ場の敷地に入ると正面にクラブハウスが見えるので、左回りに海に向け下っていくと海辺に駐車場・レストラン（現在閉鎖中）が見えてきます。（係がいるときは駐車場料金は500円だそうです）海岸の岩場を刳り貫き、周りをコンクリートで囲った海水プールがあります。

満潮時はもちろん楽しめますが、干潮時は、海水がたまり魚もいるプールになります。一番深い所でも大人の胸くらいの深さ（水深1m程度）しかなく、プールの周りも服を着たまま歩ける様になっているので、安心して水遊びができます。プールの外側は自然の状態の岩場なので、色とりどりの魚やちょっとしたサンゴ観賞も楽しめます。30㎝程のイシミーバイ（ハタ科）も釣れます。トイレやシャワーは無いので、帰りは近くにある与座ガー（100頁参照）で水遊び、塩を洗い流して帰るのがオススメ!!

子どもたちと安心してモズク採りが楽しめる所

北名城ビーチ　（きたなしろ）

●糸満市名城（なしろ）　国道331号を名城むけに南下

糸満市にある無料ビーチです。糸満ロータリーから1㎞ほど南に行くと、左手に県立南部病院が見えてきます。病院前の信号を右折し、またすぐ右折（信号の方に向かうように）して畑の中を海側に向けすすみ、突き当たりを左に曲がり200m程進むと、左手に小さな島が見えてきます。ここが目的の北名城ビーチです。部落管理の無料ビーチでトイレはありますが、シャワーはありません。

遠浅なので、安心して海水浴が楽しめます。（念のため、お酢は持参して!!）写真のように、浜のすぐ前に小さな小島が二つあり、簡単に渡れるので子どもと一緒にちょっとした探検気分を味わえます。

釣りにも最適で、砂浜・小島からキャンプのおかずを釣り上げましょう。夜釣りで大物が釣れることも、しばしばあるので竿はちゃんと固定してネ!!

ここでのオススメは天然のモズク採り、旧暦の3月3日（浜下り）辺りの大潮の干潮時を目安にでかけましょう。水深20㎝程の所で安心してモズク採りが子どもたちと楽しめます。近くに有料の名城ビーチがあるので、お間違えのないように!!

夏は海水魚・冬は渡り鳥の観察が楽しめるポイント

大度海岸

●糸満市大度（おおど）　国道331号を摩文仁方面へ

　大度海岸は、浸食海岸地形の景観を保護するために国が指定した自然公園です。ダイビングの初心者向けのポイントとしても知られています。また沖縄戦跡国定公園でもあります。ジョン万次郎が上陸したところなので、通称「ジョン万海岸」とも呼ばれています。

　春から夏にかけて渡り鳥やウミガメが産卵に来るほど、ここの海は綺麗です。トイレも完備されていて、夏場はキャンプやビーチパーティーで賑わっているんですが、レジャー後のゴミや近くの工事の影響か？　ここ3〜4年で急激に海が汚れた様に思います。もっと海を大切に！

　干潮時にできるタイトプール（水たまり）の深い所を覗くと、形・色の違う様々な珊瑚の周りを泳ぐコバルトブルーの魚や、チョウチョウ魚、またよ〜く目を凝らせばイソギンチャクの中を出たり入ったりするクマノミなどが見れるはずです。公園から海に向かって右側の海岸を200mほど行くと、地下水が海に流れ込む所に着きます。そこから海に向けて、鳥たちが餌をつついたり、くつろいだりしているんですが、その数の多さに驚かされます。

あしばな〜　地域別インデックス

南部

著者プロフィール

當銘　由治（とうめ　ゆうじ）

1965年玉城村生まれ。
知念高校卒業後、8年間銀行に勤め、現在はコープおきなわに勤める。二男一女の父。趣味は、自宅の中や外に設置した水槽で普段目にすることの少なくなった沖縄在来の淡水魚（10種類以上）の飼育や繁殖。そして釣りを兼ねてのキャンプ・自然散策等です。以前は夏冬を問わず年間10回以上キャンプをしていましたが、ディズニーランドよりも無人島キャンプに行きたいと言っていた長男も高校生になり、下の子二人も部活や友達と遊ぶ事が多くなるにつれ、寂しい週末を過ごすことが増えました。

あしばな～！
おきなわアウトドア父ちゃんのおすすめスポット紹介

初版発行日　2005年7月29日
著　　者　當銘　由治
発 行 者　宮城　正勝
発 行 所　(有)ボーダーインク
〒902-0076　沖縄県那覇市与儀226-3
TEL.098-835-2777　FAX.098-835-2840
http://www.borderink.com　wander@borderink.com

印刷所　㈲でいご印刷

 ISBN4-89982-095-X